Kristina Hoffmann-Pieper, Hans Jürgen Pieper
Bernhard Schön

Das große Spectaculum
Kinder spielen Mittelalter

mit Illustrationen von Susanne Szesny

Ökotopia Verlag, Aachen

Impressum

Autoren: Kristina Hoffmann-Pieper, Hans-Jürgen Pieper, Bernhard Schön

Illustrationen Susanne Szesny

Satz: Studio Bandur, Bad Camberg-Würges

Herausgeber: BBS - Buchwerk Bernhard Schön, Hünstetten-Ketternschwalbach

Druck: Books on Demand, Norderstedt, Deutschland

ISBN: 978-3-86702-178-4

© 1995 Ökotopia Verlag, Aachen

Inhaltsverzeichnis

Neugierig auf das Mittelalter — 4

Das Dorf Ulrichroda — 6
Ursula macht eine Entdeckung — 9
Dreibein und Reiterkampf — 13
Stelzen und Steckenpferd — 20

Im Haus der Eltern — 26
Der verhängnisvolle Brei — 30
Würfelspiel und Hexenfaden — 32
Filzhut und Speckstein — 35
Hirsebrei und Holunderbeersuppe — 42

Der Bauerngarten — 46
Im Zaun ist ein großes Loch — 49
Spurensuche und Blumenorakel — 51
Bastfiguren und Alraune — 54
Stockbrot und Kürbissuppe — 57

Wald und Feld — 60
Das Geheimnis im Wald — 64
Kräutersalat und Blümchensuppe — 69
Steinstoßen und Reifenspringen — 73
Bogen und geknüpfte Netze

Auf der Ritterburg — 78
Der Traum des Pagen Conrad — 84
Kettenhemd und Kegelhaube — 87
Arme Ritter und Burgverteidigung — 94

Das Turnier — 96
Conrad gerät ins Kampfgetümmel — 101
Quintana und Bumbaß — 104
Zielschießen und Ringewerfen — 110
Pedalritterturnier in 8 Exerzitien — 112

Projekte und Adressen — 116
Geburtstag, Wandertag, Klassenfahrt, Gruppentreff und Schulfest — 116
Jugendherbergen in Burganlagen — 118
Burgen in Deutschland, der Schweiz und Österreich — 120

Register der Spiele, Rezepte und Beschäftigungen — 123

Neugierig auf das Mittelalter

Mittelalter hat Konjunktur. Kein Jahr, in dem nicht eine Stadt einen mittelalterlichen Markt oder Ritterspiele veranstaltet. Bücher über diese Epoche erreichen hohe Auflagen, gregorianische Choräle stehen auf Spitzenplätzen in den Charts.
Mittelalter fasziniert Erwachsene und Kinder gleichermaßen: Ritter hoch zu Roß, Kreuzzüge ins Heilige Land, Kräuterhexen und Magie, festliche Märkte, prachtvolle Handschriften aus Klosterstuben. Ein meist eher romantisches Bild, das wenig Platz für den realistischen Alltag läßt: die armen Bauern in ihren verräucherten Hütten; den gichtgeplagten Ritter in seiner kalten Burg; die Bettler und Gaukler, die Handwerker und – die Kinder, die schon früh den Erwachsenen zur Hand gehen mußten.

Das vorliegende Buch läßt für beides Platz – den harten Alltag und die geheimnisvollen und abenteuerlichen Geschehnisse. In sieben Kapiteln wird der Alltag in einem mittelalterlichen Dorf und auf einer Ritterburg lebendig. Wir begleiten Ursula und Albrecht, die beiden Bauernkinder, in ihr Haus und zur Backstube, zum Spiel im Wald und zur Arbeit im Garten für den Grundbesitzer. Und Conrad, der junge Page, führt uns auf die Burg zu Ritter Ulrich Rübesam, wo wir unter anderem an einem Turnier teilnehmen.

Als Mittelalter wird von den Historikern eine Zeit von rund 1000 Jahren bezeichnet, zwischen dem Niedergang des Römischen Reichs und dem Beginn der Renaissance. Wir haben es in dieser langen Zeitspanne natürlich mit sehr unterschiedlichen Wirklichkeiten zu tun: Sie reichen vom Ende der Völkerwanderung über den Aufstieg des Frankenreichs unter Karl dem Großen, die Zeit des Hochmittelalters mit seiner wirtschaftlichen und kulturellen Blütezeit bis hin zu den großen Seuchen und Hungersnöten im 15. Jahrhundert. Die Lebensumstände der Bevölkerung waren auch stark von der Region abhängig, in der sich die Menschen angesiedelt hatten: Im Mittelmeerraum mit seinem milden Klima oder in den sumpfigen Urwäldern Mitteleuropas, zum Beispiel.
Wir haben unsere Geschichten in Deutschland zu Beginn des neuen Jahrtausends angesiedelt, und wir haben sie beschränkt auf den Alltag der Bauern und das Leben auf einer Burg. Konrad II., der erste König aus dem Geschlecht der Salier, hat die mittelalterliche Feudalgesellschaft mit ihrem System von Vasallen durch einen Erlaß über die Erblichkeit der Lehen gesichert. Feudalsystem bedeutet vereinfacht: Die Gesellschaft ist dreigeteilt in den geistlichen Stand, die Adligen und Ritter und den dritten Stand, die Bauern. Priester und Mönche

sollen Gott dienen durch Gottesdienst, Gebete und Belehrung, Vornehme wiederum sollen die Kirche und die Waffenlosen schützen, Bauern ernähren mit ihrer Feldarbeit die beiden anderen Stände. Da in ein Mittelalterbuch auch ein zünftiges Ritterturnier gehört, haben wir in diesem Fall unsere Geschichte um rund 50 Jahre vorverlegt: Das erste Turnier in Deutschland hat wahrscheinlich 1127 vor den Stadttoren von Würzburg stattgefunden.

Die einzelnen Kapitel unseres Buches gliedern sich jeweils in Informationen und Erzähltexte sowie Spielvorschläge, Bastelanregungen und Rezepte, mit denen die Zeit des Mittelalters nacherlebt werden kann. So bietet das Buch eine hervorragende Möglichkeit, Geschichte zu hören und im Spiel zu verarbeiten.
Noch ein Wort zu den Spielen. Die Quellen aus dem Mittelalter berichten nur spärlich über den Alltag der Kinder, vor allem über den der armen Bevölkerung auf dem Land. Immerhin existieren einige zeitgenössische Abbildungen und auch moralische Traktate, aus denen sich ablesen läßt, womit sich Kinder damals in ihrer wenigen freien Zeit beschäftigt haben könnten.
Manche „alte Kinderspiele" sind zwar nicht exakt für das Mittelalter nachzuweisen, aber sie existieren schon so lange, daß wir es vertretbar finden, sie in diesen Zusammenhang zu stellen. Soviel läßt sich aber mit Sicherheit sagen: Die kleineren Kinder wurden zunächst spielerisch, später dann gezielt in die alltäglichen Arbeiten der Erwachsenen einbezogen. Mit etwa sieben Jahren ging die eigentliche Kindheit zu Ende, und die Mädchen und Jungen übernahmen Arbeiten im Haus, im Garten und auf dem Feld. Übrigens wurde im Mittelalter, anders als bei uns heute, nicht zwischen Kinder- und Erwachsenenspielen unterschieden. Bei den Rezepten und Bastelideen haben wir in einigen Fällen moderne Hilfsmittel bzw. Zutaten verwendet. Wenn das den Kindern und Jugendlichen erklärt wird, halten wir es für vertretbar. Die Vorschläge zum Spielen, Basteln und Kochen sind von den Autoren ausprobiert und getestet worden auf ihre Tauglichkeit für Kinderfeste im Familienkreis, interessante Projekte in der Schule oder Spielenachmittage im Kindergarten. Vorschläge für mittelalterliche Ausflugsziele und Planungen für Epochenunterricht oder eine Mittelalter-Woche im Kindergarten können den interessierten Erwachsenen helfen, einige unvergeßliche Stunden mit kleinen und größeren Kinder zu gestalten. Dabei soll es nicht nur spannend zugehen, sondern es wird auch noch mit Spaß gelernt!

Das Dorf Ulrichroda

Außerdem haben Wir Ihm aus Unserer besonderen Huld Unseren ganzen Hain und Urwald an beiden Seiten des Flusses namens Ropa flußaufwärts und an sämtlichen Ufern aller in die Ropa mündenden Bäche übertragen, und zwar so, daß er dort ringsum Dörfer ansiedeln, Städte gründen und Gehöfte anlegen kann nach deutschem und Magdeburger Recht; dabei kann er den Dörfern und Städten Namen geben und für einen Tag, der ihm zusagt, den Markt ansagen. Und dort soll er ständiger Erbe und Herr sein mit seiner ehelichen Nachkommenschaft und alle Einkünfte, die ebedort fließen werden, für immer erblich besitzen.
(Aus einer königlichen Urkunde im 14. Jahrhundert)

In der Zeit vom 11. bis zum 14. Jahrhundert verdreifachte sich die Bevölkerung in Mitteleuropa und stieg auf 40 Millionen Menschen an. Die Bauern stellten mit 80 Prozent die größte Gruppe und bildeten die Grundlage von Wirtschaft und Gesellschaft.
Tausende neuer Dörfer entstanden. Sie wurden häufig an Flüssen und anderen Verkehrswegen oder im Schutze natürlicher Hindernisse wie Bergen und Seen angelegt. Für die Häuser und die Anbauflächen mußten die Siedler zunächst Wald roden und den Boden urbar machen. Eine mühsame Arbeit, da die Bauern den mächtigen Bäumen mit Äxten zu Leibe rücken mußten; Waldstücke wurden deshalb auch kontrolliert niedergebrannt. Mit der Asche hatte man gleichzeitig noch Dünger für den kargen Boden gewonnen. Der Ertrag auf diesem abgebrannten Boden war im ersten Jahr bis zu zehnmal höher als später! Viele Ortsnamen erinnern noch an diese Entstehungszeit; sie enden auf -wald, -rode, -rod, -brand oder -reuth.
Das Holz der gefällten Bäume wurde vielfältig genutzt. Vor allem für den Hausbau brauchten die Siedler dicke und dünne Stämme, die mit Holzstiften aneinander befestigt wurden. Eisennägel gab es damals und auch lange Zeit danach nicht.
Aus geflochtenen Zweigen wurden die Wände im Inneren der Häuser, manchmal auch Außenwände hergestellt, die z. B. den Stall vom Wohnraum der Familie abteilten. Das Flechtwerk wurde mit feuchtem Lehm bestrichen, der im Sommer kühlt und im Winter wärmt. Diese Methode ist im Prinzip auch noch Jahrhunderte später in den Fachwerkhäusern angewendet worden. Und wer einmal beim Abbruch oder Umbau eines alten Fachwerkhauses zuschauen kann, sieht auch noch die Holz„nägel", die in die Eichenbalken getrieben sind.

In der Regel besaß jede Bauernfamilie ein Haus mit kleinem Gemüse- und Kräutergarten und dahinter ein Stück Feld. Gemeinsam wurden der Backofen für das Brot, der Brennofen für die Tonkrüge und Tontöpfe, die Lehmkuhle und der Brunnen gebaut. Sie konnten von allen genutzt werden.
Rund um das neue Dorf wurden angespitzte Holzpfähle in den Boden gerammt, um die sich bald noch eine dichte Hecke bildete. Der Palisadenzaun schützte das Dorf vor Räubern und vor wilden Tieren. Und er verhinderte, daß das Vieh nachts weglief und im Wald verlorenging. Ein Holztor führte nach draußen auf den unbefestigten Weg zur Burg des Lehnsherren, der den Bauern das Land überlassen hatte – allerdings nicht uneigennützig, wie wir in einem späteren Kapitel sehen werden.

Die Dorfbewohner mußten hart arbeiten, um ihr tägliches Überleben zu sichern. Ständig gab es Mißernten, und auch, wenn die Ernte gut geraten war, fehlte es vor allem im Frühsommer oft an Lebensmitteln, weil ein Großteil der Vorräte aufgebraucht war.
Wegen der schlimmen Hungersnöte hatten in den vergangenen Jahrhunderten ganze

Völker ihre angestammten Gebiete verlassen. Aus dieser Zeit gibt es einige gut erhaltene Moorleichen, die uns Aufschluß darüber geben, wie groß die Menschen damals waren und was sie für Krankheiten hatten. Viele Männer und Frauen gehörten mit 35 oder 40 Jahren zu den Alten, wenn sie nicht schon an einer der vielen Seuchen gestorben waren. Sie waren im Schnitt nicht viel größer als 1,60 m – eine Folge von mangelnder Ernährung und schwerer Arbeit. Falls die Ernte wieder einmal ausgefallen war, mischten die Menschen Grassamen in ihren Getreidebrei und aßen Wurzeln. Diese Situation verbesserte sich zu Beginn des 11. Jahrhunderts. Es wurde in Mitteleuropa etwas wärmer – manche Geschichtsforscher gehen davon aus, daß das mildere Klima die wesentliche Ursache für die Blütezeit im Hochmittelalter war –, und in vielen Gegenden von Deutschland konnte sogar Wein angebaut werden.

Die Bauern produzierten fast alles selbst, was sie in Haus und Hof und zum täglichen Überleben brauchten. In vielen Dörfern gab es aber auch schon Spezialisten, die eine besondere Geschicklichkeit beim Schnitzen oder beim Herstellen der Sensen oder beim Färben hatten. Die Zeit, die sie damit verbrachten, für die anderen Dorfbewohner Werkzeuge herzustellen oder Kleider zu färben, konnten sie nicht auf dem Feld zubringen. Sie mußten für ihre Arbeit bezahlt werden – entweder im Tausch mit Lebensmitteln oder auch, seltener, mit Geld.

Wenn sich eine ganze Gegend wegen der besonderen Bodenschätze oder der dort vorkommenden Pflanzen darauf spezialisieren konnte, ein seltenes Handelsgut zu produzieren und zu verkaufen, so brachten es auch die Bauern dort zu einigem Wohlstand. Der Waid, eine Pflanze aus dem Mittelmeerraum, färbte die Wolle intensiv blau, wenn man die Blätter getrocknet, mit Wasser zu einem Brei vermischt und gegoren hatte. Der sogenannte Färberwaid war im Mittelalter in Deutschland weit verbreitet und wurde besonders in Thüringen so intensiv angebaut, daß z. B. die Orte Erfurt und Gera als „Waidstädte" bezeichnet wurden.

Ursula macht eine Entdeckung

Ihr fragt Euch sicher, wie wir Kinder im Mittelalter gelebt haben. Ich will euch die Geschichte erzählen. Zunächst muß ich mich natürlich vorstellen, mein Name ist Albrecht, und ich bin acht Jahre alt. Ich lebe in einem „dorp" (Dorf) mit meinem Vater, meiner Mutter, mit Ursula, Anna und meinem älteren Bruder Heinrich. Meine ältere Schwester ist schon als kleines Kind gestorben, damals als die große Hungersnot war.

Wir wohnen in einem Haus mit zwei Räumen, einem Wohnraum für uns alle und einem Raum für die Tiere. Darauf ist Vater sehr stolz, weil er das früher nicht hatte – einen eigenen Stall. Mein Vater hat noch zwei Kühe, einen Ochsen, drei Ziegen, fünf Schafe und zehn Gänse.

In unserem Dorf hat jeder Bauer einen Stall am Haus, das Dorf gibt es auch erst seit sechs Jahren. Acht Bauernfamilien sind damals hierher gezogen an das kleine Wasser mit dem Schilf am Rande und den großen Wäldern drumherum. Inzwischen gibt es in Ulrichroda – so heißt unser Dorf nach dem Burgherren Ulrich – schon fünfzehn Familien. Jeder Bauer hat ein Haus mit einem eingezäunten Garten für das Gemüse und die Kräuter, die Pferdebohnen und die Hirse und ein großes Feld, wo die Bäume für das Holz zum Hausbau gefällt wurden. Vater erzählt manchmal im Winter am Feuer, wie schwer sie alle gearbeitet haben, um die Baumwurzeln aus der Erde zu holen, damit auf den Feldern Roggen ausgesät werden konnte.

Die Bauernhäuser unseres Dorfes stehen rings um den Dorfplatz. Dort treiben wir nachts unser Vieh hin, denn im Winter streichen die Wölfe um unser Dorf, und im Sommer und Herbst haben wir schon manchmal einen Bären oder einen Luchs vom Tor aus gesehen.

Auf dem Dorfplatz gibt es einen Backofen, eine Lehmkuhle und Platz für uns alle. Zu den ersten gemeinsamen Arbeiten der Männer gehörte die Anlage des Brunnens. Ganz tief mußten sie graben und anschließend das Loch mit Holzbohlen ringsum auskleiden. Neben den Brunnen kam ein Stamm mit einer Astgabel, darin liegt jetzt ein zweiter, dünnerer Stamm mit einem dicken schweren Ende an der einen Seite und einer Holzstange an der Spitze. Daran wird der Eimer zum Wasserschöpfen in den Brunnen gelassen.

Jetzt müssen die Frauen und wir Kinder immer mit dem Joch die schweren Wassereimer zum Haus tragen. Vor dem Wassertransport werden die Holzeimer gut durchgefeuchtet, so daß sich die Fugen schließen und kein Wasser auf dem Heimweg verloren geht.

Mutter hat mich ermahnt, daß ich beim Wasserschöpfen sehr vorsichtig sein soll. Einmal hat sich ein Kind zu weit über den Brunnenrand gebeugt und ist mitsamt dem schweren Eimer in die Tiefe gestürzt.

Wir backen Brot

Heute wurde im Dorf der gemeinsame Backofen nahe dem Dorfplatz angefeuert. Das Einheizen beginnt nämlich schon immer einige Stunden vor dem Backen. Die aufgeschichteten Holzscheite sind dann soweit abgebrannt, daß sie nur noch glühen und die Steine richtig aufheizen. Gestern den ganzen Nachmittag und frühen Abend über hat Mutter im großen hölzernen Backtrog den Teig geknetet und gewalkt und die Brotlaibe für die nächsten vierzehn Tage geformt. Für uns ist diese Arbeit zu schwer. Damit der Teig aufgeht, haben wir die Brotlaibe anschließend in Körbe gelegt.

Gleich nach dem Aufstehen tragen Ursula und ich zusammen mit Mutter die Teige zum Ofen, wo die Frau vom Dorfschulzen das Brotbacken überwacht und für jede Familie die Backzeit genau eingeteilt hat. Schließlich wird ja nicht jede Woche gebacken, und alle Familien wollen wieder frisches Brot essen.

Ich freue mich immer auf den Backtag. Ursula und ich müssen nämlich beim Backofen bleiben, aber es bleibt immer etwas Zeit, mit meiner Schwester bei den anderen Familien vorbeizuschauen und sich mit Irmengarth, Drutwien und Hugo über die Lage auf der anderen Seite des Sees zu beraten. Aber die Geschichte verrate ich euch erst später, zuerst müssen wir die ungebackenen Brotlaibe zum Ofen tragen.

Je nach Größe brauchen die Brote zwei bis drei Stunden. Mutter hat uns genau erklärt, daß die Brote dann fertig sind, wenn wir mit der Hand auf die Unterseite des Brotes klopfen und es hohl klingt. Zwischendurch streichen Ursula und ich abwechselnd die Brotlaibe mit warmem Wasser ein, damit die Kruste schön braun wird.

Einige Frauen nutzen die Wartezeit am Ofen, um Getreide zu mahlen. Sie drehen die Scheibe mit dem Stein mühsam über den Körnern. Das schmirgelnde Geräusch erinnert uns daran, daß viel Sand mit in das Brot geraten wird und unsere Zähne noch mehr kaputt gehen.

Jetzt kommt unser Brot an die Reihe. Die Hitze strömt aus dem Ofen und unsere Gesichter glühen.

Als wir einen neuen Laib aus dem Korb nehmen, fällt ein Stück Teig herunter! Ich hebe es schnell auf, puste den Dreck runter und stecke es in die Tasche. Ich weiß schon, daß wir uns das Stück beim nächsten Treffen mit unseren Freunden am Stock über dem Feuer backen werden.

Mutter geht jetzt zurück ins Haus, sie wird sicher das Mittagessen vorbereiten für Vater, Heinrich und die anderen auf dem

Feld. Hoffentlich muß ich es nicht nachher noch hinbringen, mit Hugo, Irmengart und Ursula ist es hier viel schöner.

Die Gelegenheit ist günstig, für einen Augenblick rüber zum Holzschnitzer zu laufen, vielleicht können Ursula und ich bei Hugo das Teigstück verstecken und uns verabreden.
Hugos Vater kann von allen Bauern im Dorf am besten schnitzen. Er hat auch einige besondere Werkzeuge, die sich zum Schnitzen und Ausbeilen von Trögen und Schalen gut eignen. Er kennt sich wie kein anderer im Dorf aus mit den besonderen Eigenschaften der Hölzer aus unserer Umgebung. Zum Schärfen der Klingen hat er einen wertvollen Wetzstein. Hugos Vater hat keine Kuh und kein Schwein, dafür braucht er zu viel Zeit für seine Schnitzarbeiten. Deshalb bringen wir ihm ein Stück Fleisch mit, wenn er uns Löffel dafür schnitzt. Gerne schaue ich ihm zu und versuche es auch selbst einmal. Vielleicht kann ich dabei soviel lernen, daß ich an den langen Winterabenden für meine Geschwister und meine Eltern auch einmal Löffel schnitzen kann.

„Hallo Hugo!" rufe ich meinem Freund zu. Er treibt gerade die Gänse zum Hof hinaus. Hugo hütet oft die Gänse, da er keine Geschwister hat, auf die er aufpassen muß. Deshalb kennt er sich in der Umgebung gut aus. Manchmal geht er auch mit dem Schweinehirt in die Wälder und weiß viele geheimnisvolle Geschichten zu erzählen.

Wenn Ursula jetzt zum Ofen läuft und das Brot mit Wasser bestreicht, kann ich noch ein bißchen Schnitzen üben. Sie macht es! Meine Schwester ist in Ordnung. Ursula und ich teilen alle unsere Geheimnisse miteinander!

Ursula kommt aufgeregt zurückgerannt. Ganz außer Atem erzählt sie uns, was sie auf dem Rückweg entdeckt hat:
„Die Seifkrautbäuerin färbt Wolle gelb! Und das hat der Burgherr doch streng verboten. Gerade, als ich vorbeigekommen bin, ist sie dabeigewesen, Blätter und Stengel in ein bißchen Wasser zu kochen. Sie hat sich schnell über den Topf gebeugt, damit ich nicht sehen kann, was sie da macht. Aber ich habe es genau gesehen. Es waren keine Waidpflanzen, sonst wäre der Sud ja blau gewesen und nicht gelb!"
Wir schauen uns erschrocken an. Gelb färben darf nur, wer die ausdrückliche Erlaubnis von Ritter Rübesam hat. Klar, wenn das der Vogt, der Verwalter des Burgherren, erfährt, ist eine strenge Strafe fällig, und die Stücke müssen auch noch abgeliefert werden.
Wir versprechen uns gegenseitig, daß wir die Seifkrautbäuerin nicht verraten werden. Ihren Namen hat sie übrigens von dem „Seifenkraut", das die Wolle weich macht. Neugierig sind wir aber schon, was die Alte mit der gelben Wolle vorhat. Hugo hat doch vor ein paar Tagen erzählt, daß auf der Burg ein Turnier stattfinden soll und sein Vater auf dem Markt an der Burgmauer einen Stand macht. Ob die Seifkrautbäuerin wohl ihre Ware unter dem Kittel verstecken, auf den Markt schmuggeln und dort heimlich ein paar Münzen erhandeln will?

Der Teerbauer fällt in den Matsch

Wenn es anfängt zu dämmern, reicht das Tageslicht nicht mehr fürs Schnitzen und Nähen aus. Das Vieh wird auf den Dorfplatz getrieben, damit es in der Nacht vor Wölfen, dem Luchs oder dem Bär in Sicherheit ist, und anschließend treffen wir

uns alle vor den Häusern und auf dem Dorfplatz.
Heute gibt es frisches Brot, und einige Erwachsene haben einen Krug Bier in der Hand. Bei uns ist diese Zeit immer sehr lustig, die Großen und die älteren Kinder spielen gemeinsam die herrlichsten Spiele, und manchmal dürfen wir auch mitmachen.

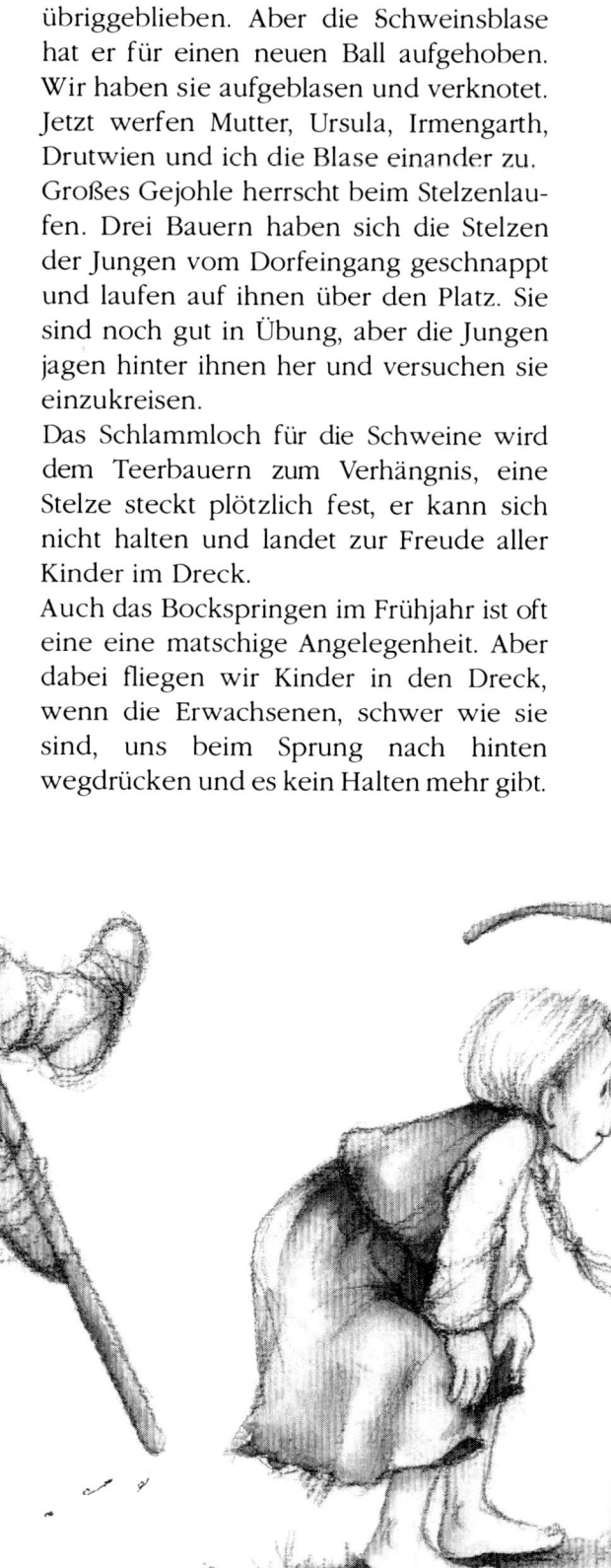

Beim Eberbauern war gestern Schlachtetag, er mußte das meiste für den Burgherrn zubereiten, und es ist nur wenig für ihn übriggeblieben. Aber die Schweinsblase hat er für einen neuen Ball aufgehoben. Wir haben sie aufgeblasen und verknotet. Jetzt werfen Mutter, Ursula, Irmengarth, Drutwien und ich die Blase einander zu.
Großes Gejohle herrscht beim Stelzenlaufen. Drei Bauern haben sich die Stelzen der Jungen vom Dorfeingang geschnappt und laufen auf ihnen über den Platz. Sie sind noch gut in Übung, aber die Jungen jagen hinter ihnen her und versuchen sie einzukreisen.
Das Schlammloch für die Schweine wird dem Teerbauern zum Verhängnis, eine Stelze steckt plötzlich fest, er kann sich nicht halten und landet zur Freude aller Kinder im Dreck.
Auch das Bockspringen im Frühjahr ist oft eine eine matschige Angelegenheit. Aber dabei fliegen wir Kinder in den Dreck, wenn die Erwachsenen, schwer wie sie sind, uns beim Sprung nach hinten wegdrücken und es kein Halten mehr gibt.

Dreibein und Reiterkampf

Sackhüpfen

Im Mittelalter wurden Trauer- und Bußgewänder aus grobem Stoff hergestellt. Später diente dieses Material hauptsächlich zur Produktion von Säcken.

Material: Säcke aus grobem Stoff (Kartoffelsäcke erhält man vom Bauern, in der Stadt gibt die Rösterei einen Kaffeesack ab)
Alter: ab 3 Jahren

Alle Kinder steigen in ihre Säcke. Die Säcke werden vorn am Rand fest- und hochgehalten. Auf ein Startsignal hin springen die Kinder in Richtung auf das festgelegte Ziel.

Schubkarrenlauf

„Schub" bedeutet „etwas, das auf einmal geschoben wird" – etwa das Brot in den Backofen. Räder und Karren waren im Mittelalter noch selten und teuer, die Holzräder hatten oft keine Speichen.

Material: -
Alter: ab 3 Jahren

Ein Spieler macht Liegestütz, woraufhin ein zweiter Spieler dessen Knöchel umfaßt. Nun läuft das Schubkarrenpaar los. Beim Wettkampf treten mehrere Paare gegeneinander an.

Bockspringen

Ziegen waren schon immer die „Kuh des kleinen Mannes". Im Mittelalter hatten sie eine besondere Bedeutung für die Milch- und Fleischproduktion. Der Ziegenbock ist manchmal störrisch, stemmt alle Viere in den Boden und geht nicht vor und nicht zurück. Das Bockspringen mag den Versuch nachstellen, einen widerspenstigen Ziegenbock dadurch wieder zur Herde zu bringen, daß der Ziegenhirte mit einem kühnen Sprung auf dessen Rücken landete.

Material: -
Alter: ab 4 Jahren

Ein Kind steht als „Bock" breitbeinig, den Rücken den anderen Kindern zugewandt und stemmt die Hände gegen die Oberschenkel. Die Kinder überspringen den „Bock", indem sie sich im Sprung auf dessen Rücken mit den Händen abstützen. Wer es geschafft hat, bleibt als weiterer „Bock" stehen.

Reiter vom Pferd ziehen

Reitpferde waren ein kostbarer Besitz, der den Adligen vorbehalten war. Die Ritter kämpften vom Pferd aus..

Material: Bänder, zur Schlaufe verknotet, Gürtel
Alter: ab 7 Jahren

Eine Mannschaft besteht aus drei Mitspielern. zwei sind das Pferd, einer der Reiter. Ein „Pferdspieler" steht aufrecht. Er hat einen Gürtel um die Taille gebunden. Ein zweiter hält sich in gebeugter Haltung am Gürtel des Vordermannes fest und kann so den „Reiter" auf seinem Rücken tragen.
Die zweite Mannschaft hat sich ebenso aufgebaut. Beide Reiter halten sich mit der linken Hand an der Schulter des „Pferdes" fest, in der rechten Hand halten sie eine Schlaufe. Sie versuchen auf ein Signal hin, die Schlaufe des Gegners zu fassen und ihn vom Pferd zu ziehen.

Lastenträger

Material: -
Alter: ab 7 Jahren, Jüngere können getragen werden

Zwei Spielerinnen halten sich überkreuz an den Händen fest. Ein dritter Spieler setzt sich hinauf und wird herumgetragen und geschaukelt. Auch ein Wettrennen zweier Teams mit der Last kann veranstaltet werden.

Hahnenkampf

Material: -
Alter: ab 3 Jahren

Zwei Kinder stehen sich jeweils auf einem Bein mit vor der Brust verschränkten Armen gegenüber. Die „Hähne" beginnen einander zu rempeln und zu schubsen. Wer hinfällt, die Armverschränkung auflöst oder sich mit dem zweiten Bein abstützen muß, hat verloren.

Mühlenspiel

Die Wiederentdeckung der seit der Antike bekannten Wassermühle stellte einen gewaltigen technischen Fortschritt dar.

Material: -
Alter: ab 3 Jahren

Zwei Kinder halten sich kreuzweise an den Händen. Nun drehen sie sich erst langsam, dann immer schneller umeinander. Sie können dabei singen oder rufen:
„Die Mühle geht langsam,
die Mühle geht langsam.
Aber wenn der Müller kommt,
dann dreht sie sich schnell.
Und immer schneller, immer schneller."

Ringen

Im Sommer war das Ringen ein beliebtes Kräftemessen unter den Jungen.

Material: -
Alter: ab 3 Jahren

Unser Ringkampf hat ein paar Regeln, um die sich vermutlich Albrecht, Hugo und die anderen nicht gekümmert haben: Auf der Erde wird ein Kreis gezogen. Zwei möglichst gleichaltrige oder gleichgroße Ringer stehen sich mit nacktem Oberkörper gegenüber und versuchen, jeweils den Gegner auf den Boden zu zwingen. Sieger ist, wer den anderen mindestens fünf Sekunden mit den Schultern auf dem Boden hält. Außerhalb des Kreises gibt es keine Wertung.

Dreibeinlauf

Material: Seil oder Band
Alter: ab 4 Jahren

Jeweils einem Paar werden zwei Beine aneinandergebunden, so daß sie sich nur noch auf drei statt auf vier Beinen bewegen können. Welches „Dreibein" ist am schnellsten am vereinbarten Ziel?

Handwerkerpantomime

Im Dorf erledigten die Männer und Frauen fast alle Arbeiten selbst. Manchmal gab es einen Schmied, meistens eine Färberin oder auch einen Schnitzer. Ein- oder zweimal im Jahr kam ein Händler mit seinem Karren voller Waren ins Dorf. Auf der Burg oder in der Stadt siedelten sich alle möglichen Handwerker an: Seiler, Baumeister, Weber, Fischer, Waffenschmiede, Bäcker, Seifensieder.

Material: -
Alter: ab 3 Jahren

Die Spieler machen typische Bewegungen verschiedener Handwerker nach. Wer errät das Handwerk?

Plumpsack

„Plumps" heißt es, wenn ein schwerer Gegenstand hinfällt und aufprallt: „Plumpsklo".

Material: Tuch mit doppeltem Knoten
Alter: ab 3 Jahren

Die Kinder stehen möglichst eng im Kreis nebeneinander oder sitzen auf dem Boden. Alle singen: „Dreht euch nicht um, der Plumpsack geht um." Ein Kind geht außen um den Kreis herum und läßt hinter dem Rücken eines Kindes den „Plumpsack" fallen und rennt los. Die Spielerin, hinter der der Plumpsack fallengelassen wurde, hebt ihn schnell auf und versucht, den anderen abzuschlagen, bevor dieser ihren freien Platz erreicht hat. Gelingt ihr das nicht, muß sie mit dem Plumpsack herumgehen.

Fingerhakeln, Armdrücken

Ein Vergnügen, das im Mittelalter unter erwachsenen Männern ebenso beliebt war wie bei Jugendlichen. Wettkämpfe werden heute noch als richtige Meisterschaften in Bayern ausgetragen.

Material: Tisch oder gefällter Baumstamm, Kreide; evtl. Taschentuch
Alter: ab 8 Jahren

Die Gegner hocken sich hin. Zwischen ihnen liegt ein Baumstamm oder steht ein Tisch, auf den die Unterarme gelegt werden. Die gekrümmten Zeige- oder Mittelfinger werden ineinander verhakt. Wer die Hand des anderen zuerst über eine mit Kreise markierte Linie hinausgezogen hat, ist Sieger.

Beim Armdrücken sitzen sich die Gegner Schulter an Schulter gegenüber. Dann werden die Ellbogen aufgestützt, jeweils der rechte Unterarm an den des Gegeners gelegt und die Hände ineinander verschränkt. Wer den Unterarm des anderen zuerst auf den Tisch oder den Baum gedrückt hat, ist Sieger.

Kaiser, König, Edelmann

Im Mittelalter gab es eine festgefügte Ordnung, die nur selten von Einzelnen durchbrochen werden konnte. Im Spiel genügte dafür ein Ball. Die Kinder besorgten sich als Ball eine Schweinsblase und bliesen sie auf. Stand Leder zur Verfügung, wurde es zu einem Ball zusammengenäht und mit Federn ausgestopft.

Material: gewöhnlicher Gummiball oder selbstgemachter Ball aus Lederlappen; Steine oder Murmeln zum Auslosen
Alter: ab 5 Jahren

Jedes Kind zieht einige Meter entfernt vom nächsten einen Kreis auf dem Boden. Nun werden die Titel der Plätze ausgelost: Kaiser, König, Edelmann, Bürgerin, Bäuerin, Bettelmann. Sind es mehr als 6 Spieler, kommen weitere Personen dazu, z. B. Sänger, Ritter, Knappe. Jedes Kind markiert seinen Platz mit den Anfangsbuchstaben also KAiser, KÖnig, BEttler, BÄuerin ... Der Kaiser fängt an und wirft den Ball einem Spieler zu. Fängt dieser nicht, muß er seinen Platz verlassen, um den Ball zu holen. Dann können die im Rang unter ihm Stehenden versuchen, seinen Platz zu besetzen, so rückt z. B. der Bettelmann auf den Platz der Bäuerin und diese kommt auf den untersten Rang. Wird der Ball gefangen, kann er sofort weitergeworfen werden, möglichst auf einen ranghöheren Spieler.

Himmel und Hölle

Himmel und Hölle spielten im Denken des mittelalterlichen Menschen eine wesentliche Rolle. Das Christentum verkündete die Lehre vom Erdenleben als Jammertal. Nach diesem Zwischenspiel im Elend konnte, wer ein gottgefälliges Leben geführt (und nicht gegen die Obrigkeit in Gestalt von Kirche und Lehnsherr aufbegehrt) hatte, in den Himmel kommen. Auch reuige Sünder hatten diese Chance. Die Ungläubigen, Ketzer und andere Verstockte mußten nach dieser Vorstellung entsetzliche Qualen in der Hölle erdulden.

Material: Stock, Stein
Alter: ab 6 Jahren

Die Kinder kratzen mit dem Stock ihr Spielfeld in die Erde, dabei müssen die Felder groß genug sein, daß die Spieler ausreichend Platz für ihre Füße haben! Es gibt verschiedene Varianten für die „Hüpfkästchen", z. B. insgesamt elf Felder. Auf dem ersten Feld steht „Erde", dann folgen die mit 1 bis 8 numerierten, auf dem vorletzten steht „Hölle" und auf dem obersten „Himmel". Das Kind wirft einen Stein ins erste (Erde-)Feld und springt dann mit beiden Beinen hinein, daß es den Stein ins nächste Feld stößt. Das geht so weiter bis Feld 8. In der Hölle darf der Stein aber nicht liegenbleiben, er muß also gleich in den Himmel gestoßen werden. Dann geht es nach derselben Methode wieder zurück. Wer einen Fehler macht, muß aussetzen, darf aber das nächste Mal an der Stelle wieder einsetzen. Als Fehler gelten: übertreten, Stein aus dem Feld oder auf die Linie stoßen, Hölle betreten.

Variante: Nacheinander muß mit beiden Füßen, auf dem rechten, auf dem linken Bein, mit überkreuzten Füßen gesprungen werden.

Seilspringen zu Dritt

Seile wurden aus Einzelfasern verschiedener Pflanzen zusammengedreht. So entstanden dicke und dünne, kurze und lange Seile. Besonders lange und dicke Taue wurden bei Bauarbeiten benutzt, um z. B. Stämme über die Burgmauer zu ziehen oder einen großen Felsbrocken.

Material: langes Seil
Alter: ab 4 Jahren

Das Seil wird von zwei Kindern geschwungen, ein drittes springt darüber.

Tauziehen

Material: starkes Tau
Alter: ab 4 Jahren

Die Kinder ziehen mit dem Stock eine Grenzlinie in den Boden. Nun bilden sie zwei Gruppen, in denen die Kräfte möglichst gleich verteilt sein sollten und stellen sich gleich weit entfernt links und rechts von dieser Linie auf. Jede Gruppe hält ein Ende eines starken Taues fest. Auf ein Signal hin versucht jede Gruppe die andere über die Grenzlinie zu ziehen.

Murmeln

Material: Je 3 – 5 Kugeln aus Ton pro Spieler
Alter: ab 3 Jahren

Zum Murmelspiel bohren die Kinder ein faustgroßes Loch in den Sandboden. In fünf Metern Entfernung wird eine Linie gezogen. Von dort aus versucht jede Spielerin, ihre Kugeln ins Loch zu rollen. Wer die meisten Kugeln im Loch hat, darf versuchen, die um das Loch herumliegenden Kugeln mit dem gekrümmten Zeigefinger in die Mulde zu schubsen; gelingt das nicht, kommt die nächste Spielerin dran.

Kreisel

Mit dem Kreisel zu spielen, war bei Bauernkindern genauso beliebt wie auf der Burg. Um einen Kreisel herzustellen, muß ein Stück Holz gedreht und dabei gedrechselt, d. h. abgeschabt werden. Einfache Drehbänke existierten bereits im Mittelalter, allerdings nicht in den Dörfern. Heute besorgen wir uns Kreisel und Peitsche über Versender, die Holzspielzeug im Angebot haben.

Material: Kreisel ; Peitsche
Alter: ab 5 Jahren

Die Peitschenschnur wird um den Kreisel gewickelt. Mit einem Ruck wird die Schnur weggezogen und der Kreisel gepeitscht, so daß er sich immer weiter dreht.

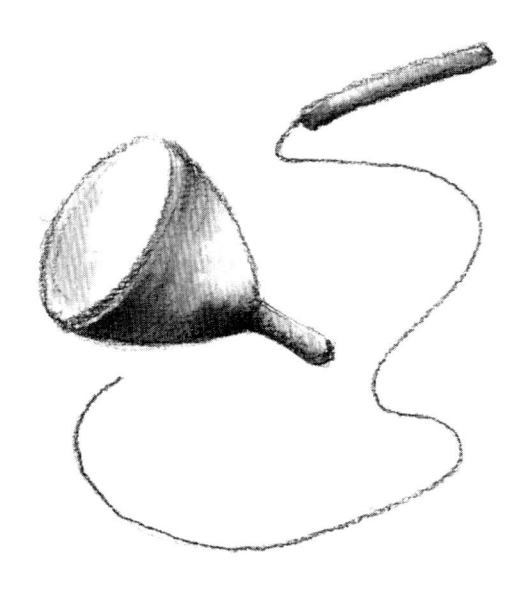

Stelzen und Steckenpferd

Echtes Spielzeug gab es, wenn überhaupt, nur auf den Burgen. Die Bauernkinder bastelten sich einige Spielsachen selber. Und weil vieles auch den Erwachsenen Spaß machte, halfen sie ihnen mit Material und bei der Herstellung. So wollen wir es in der Kindergruppe und mit den Jugendlichen auch halten.

Da bei den folgenden Bastelvorschlägen, vor allem den Holzarbeiten, auch Messer und andere spitze Werkzeuge gebraucht werden, muß jede Erzieherin, jeder Lehrer oder Jugendgruppenleiter selbst einschätzen: Wie weit kann ich meiner Gruppe und den einzelnen Kindern vertrauen, daß sie verantwortlich mit den Werkzeugen umgehen?

Aus der Materialbeschaffung kann ein kleines Projekt organisiert werden: Die Erwachsenen müssen ja nicht unbedingt das Holz im Bastelladen kaufen. Viel mehr Spaß macht es, mit dem Förster zu vereinbaren, wo die Gruppe selbst Äste oder kleine Bäume abschlagen bzw. Reste von bereits gefällten Bäumen aufsammeln darf; in der Großstadt kann zumindest eine Tischlerei oder ein Zimmerer aufgesucht werden, um Holzreste zu bekommen.

Schnitzen

In den kleinen Dörfern benutzten die Bauern zur Holzbearbeitung Äxte, Beile (beim Hausbau) sowie Schnitz- und Haumesser für die feineren Arbeiten. Sägen gab es nicht, obwohl sie schon bekannt waren. Wenn kein Schmied im Dorf lebte, so waren die Bauern auf fahrende Händler angewiesen. Die hatten dann entweder auf ihrem Ochsenkarren oder an ihrem Gürtel die verschiedensten Klingen, zu denen die Bauern die passenden Stiele selbst anfertigten. Getauscht wurde gegen eigene Produkte, die die Bauern nicht dem Grundherren abgeben mußten. Eisernes Werkzeug war teuer und wurde deshalb sorgfältig gepflegt.

Material: Taschen- oder Schnitzmesser, evtl. gebogenes Hohlmesser; Holz von Weide, Birke, Tanne, Fichte, Pappel, Ahorn; Schleifstein
Alter: ab 7 Jahren

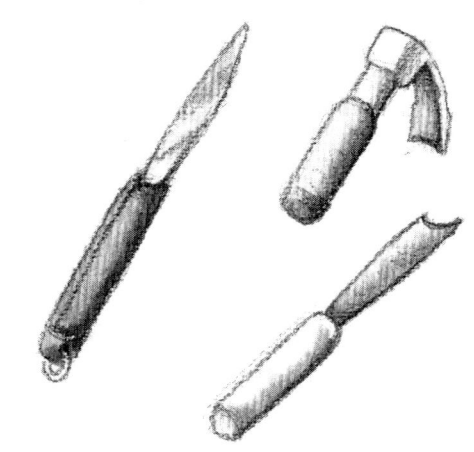

Zunächst üben die Kinder und Jugendlichen einfaches Schnitzen mit einem Taschenmesser an Ästen oder Stöcken. Die Rinde wird entweder vollständig oder ringweise oder in Stäbchenmuster abgezogen, so daß aus einem Stock ein Schwert mit einem verzierten Knauf wird; aus einem Ast entsteht der Umriß eines Gesichtes mit einer Ast-Hakennase. Dabei können erste Erfahrungen gemacht werden, wie sich die Maserung des Holzes auf den Erfolg der Arbeit auswirkt. Wichtig ist, das Messer immer vom Körper weg zu bewegen.

Zum feineren Bearbeiten von Holzstücken sollten zwei Grundtechniken bekannt sein:

1. Bei der Schältechnik (ähnlich dem Apfelschälen) liegt das Holz in der linken Hand, während das Messer mit der rechten wie auf der Zeichnung beschrieben geführt wird.

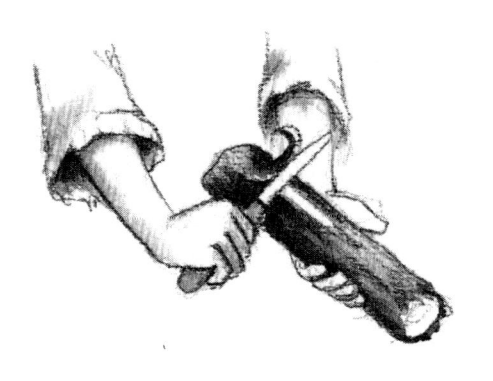

2. Beim Hebelschnitt wird das Holz ebenfalls in die linke Hand genommen, das Messer aber mit der rechten vom Körper weggehalten. Der linke Daumen drückt das Messer vorsichtig durch das Holz; so kann sehr fein auch in Ecken und Kerben geschnitten werden.

Beim Schnitzen muß besonders auf die Maserung geachtet werden. Wer gegen sie schnitzt, erhält eine rauhe Oberfläche, und es besteht die Gefahr, daß Kanten und Ecken abbrechen. Das Schnitzen mit der Maserung schafft schöne, glatte Oberflächen, allerdings kann der Schnitt hier leicht zu tief gehen.

Für den Erfolg ist ein scharfes Messer wichtig. Ein Schleifstein wird mit Wasser befeuchtet und die Klinge flach anliegend mit kreisenden Bewegungen über den Stein geschärft.

Holznägel

Holznägel wurden z. B. beim Haus- und beim Bootsbau verwendet. Wenn sie eine gewisse Stärke haben, sind sie haltbarer, als wir uns das heute vorstellen können. Sie dürfen natürlich nicht so dünn sein wie Eisennägel, die übrigens früher einzeln geschmiedet wurden.

Material: Schnitzmesser; Holzstücke, z. B. aus Kiefer
Alter: ab 7 Jahren

Bei dieser einfachen Übung werden Holzstücke von ca. 15 cm Länge nach vorn hin verjüngt geschnitzt, aber nicht zu spitz und nicht zu dünn, da sie sonst leicht brechen. Wir können sie eventuell für die Stelzen oder die Qunintana gebrauchen.

Holzlöffel

Gabeln kannten die Menschen im Mittelalter überhaupt nicht, Messer wurden selten benutzt. Alle aßen mit einem Holzlöffel, der reihum in einen Suppen- oder Breitopf getaucht wurde, oder mit den Fingern.

Material: Holzstücke aus Tanne oder Birke (30 cm lang); Schnitzmesser oder gebogenes Hohlmesser
Alter: ab 9 Jahren

Zunächst muß die Aushöhlung geschnitzt werden, und das geht mit einem Hohlmesser einfacher. Aber auch mit einem Taschenmesser und etwas mehr Geduld bekommen wir nach und nach die innere Form eines Löffels. Danach wird die äußere Form geschnitzt; dabei müssen wir wieder aufpassen, daß das Holz nicht zu dünn wird, aber gleichzeitig gilt: Je feiner, desto angenehmer ist mit dem Löffel zu essen. Zum Schluß wird der Stiel bearbeitet.

Holzsandalen

Die meiste Zeit im Jahr liefen die Kinder barfuß. Die Erwachsenen trugen Strohschuhe, Lederschuhe, die gegen die Kälte mit Stroh ausgestopft wurden oder Holzlatschen.

Material: Holzstücke je nach Größe der Füße aus Erle oder Birke; Lederriemen; Schnitzmesser, evtl. Hohlmesser; Eisennägel, Hammer, Schleifpapier
Alter: ab 10 Jahren

Je nach Größe der Füße werden die Holzklötze vorbereitet. Für die Hacken und den Fußballen werden Höhlungen ausgeschält, vielleicht noch zusätzliche, kleinere für die Zehen. Immer wieder muß der Fuß auf das Holz gestellt werden, um zu probieren. Zum Schluß wird das Fußbett glattgeschliffen.
Für den Lederriemen, der den Fuß hält, wurde früher ein Schlitz in die Sohle geschnitzt. Wir machen es uns leichtet und klopfen stattdessen oder zusätzlich die Riemen an der richtigen Stelle mit Eisennägeln fest. Beim Anpassen der Leserriemen darauf achten, daß der Fuß in Wollsocken steckte.

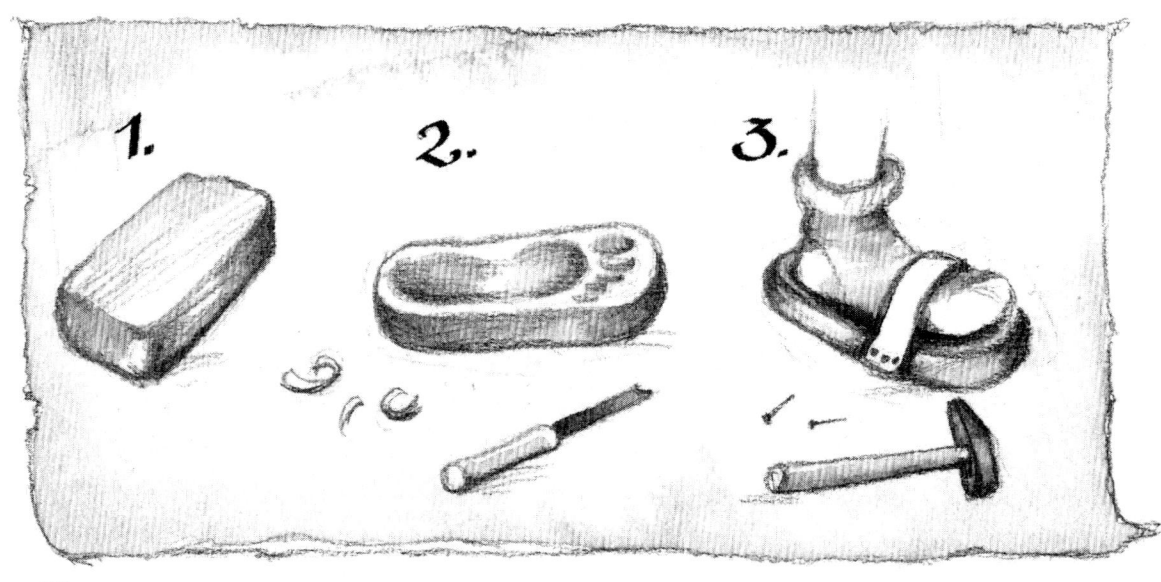

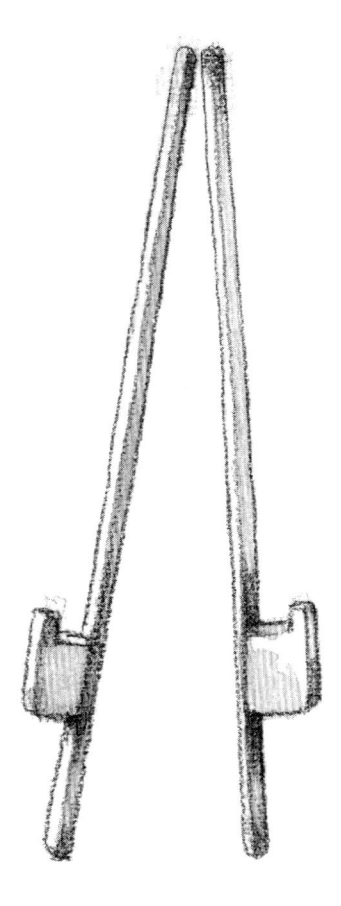

Stelzen

Stelze bedeutet Holzbein, „stelzen" heißt steif gehen. Behinderungen und schwere Krankheiten gehörten zum dörflichen Alltag. In manchen alten Spielen spiegelt sich der Versuch wider, geschickteren Umgang mit körperlichen Gebrechen zu erwerben. Heute ist davon nichts mehr zu spüren. Die Kinder können mit viel Spaß ihren Gleichgewichtssinn erproben und endlich einmal die Perspektive der „Großen" einnehmen.

Material: zwei Vierkanthölzer von 1,5 m Länge, zwei 15 cm lange Rundhölzer als Haltegriffe mit einem Durchmesser von 2 cm, zwei 15 x15 cm große Fußstützbretter von 2 cm Stärke; Bohrmaschine, Säge, Feile, vier Holzstifte; Leim

Alter: ab 7 Jahren mit Anleitung; Stelzenlaufen ab 4 Jahren

Mit etwas Glück lassen sich zwei dicke Äste mit stabilen Astgabeln in der richtigen Höhe finden, denn die Kinder im Mittelalter haben ja ihr Spielzeug meistens aus den Dingen gemacht, die sie vorgefunden haben. Die Winkel der Astgabeln sollten etwa 90° haben, da sonst die Füße zu sehr eingequetscht werden.
Sonst werden die Stelzen aus Vierkanthölzern gebaut, die wir je nach Größe des Kindes auf die gewünschte Länge kürzen.

Die Stützbretter erhalten oben eine 2 cm tiefe Aussparung von 13 cm Länge, so daß der Fuß nicht abrutschen kann.
In der gewüschten Höhe werden die Vierkanthölzer durchbohrt und in die Stützbretter jeweils zwei Löcher gebohrt. Die Holzstifte führen wir durch die Vierkanthölzer, bestreichen sie mit Leim und stecken sie in die Bretter.

Jo-Jo

Dieses uralte Geschicklichkeitsspiel stammt vermutlich aus China. Aber die Kinder im Mittelalter haben es ebenfalls schon gekannt. Dabei wird der Faden um das Jo-Jo gewickelt, und die Holzscheibe wird durch federnde Bewegungen so auf- und abgerollt, daß sie stets in Bewegung bleibt. Ein bißchen Übung braucht es dazu schon.

Material: 3 Holzscheiben (2 Scheiben von ungefähr 7 cm und 1 kleinere Scheibe von ca. 3 cm Durchmesser); Schnur entsprechend der Größe des Spielers; Leim

Alter: ab 7 Jahren; spielen ab 5 Jahren

Die kleine Scheibe wird auf beiden Seiten mit Leim bestrichen und mittig auf eine große Scheibe gedrückt. Nun folgt die zweite große Scheibe. Ist der Leim getrocknet, wird der Faden um die kleine Mittelscheibe gewickelt und verknotet. An das freie Schnurende kann noch eine Fingerschlaufe geknotet werden, durch die dann der Mittelfinger gesteckt wird.

Steckenpferd

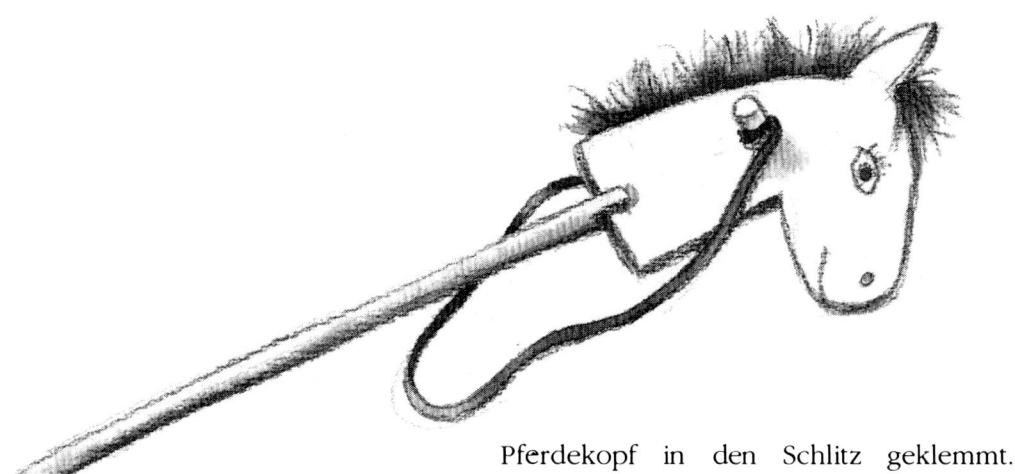

Das Steckenpferd ist als eines der wenigen Spielzeuge schon auf Abbildungen aus dem Mittelalter zu sehen. Die Bauernkinder haben es in der Regel aus einem langen Ast und einem ähnlich wie ein Pferdekopf geformten Aststück oder einer entsprechenden Wurzel gemacht. Den Ast steckten sie in das „Kopf"stück, Schnur oder Riemen wurden anschließend um den Kopf des Pferdes geschlungen.

Material: runder Stab (Besenstiel) oder gerader Ast; Brett oder Aststück; Rundholz (Durchmesser 2 cm, Länge 25 cm); Schnur oder Lederriemen; Leim, Wolle; Bleistift; Feile, Säge, Bohrmaschine
Alter: ab 10 Jahren

Auf das Holzbrett wird der Umriß eines Pferdekopfes gezeichnet, ausgesägt und glatt gefeilt; anschließend wird er mit einer Wollmähne, und mit Nüstern und Augen aus Wolle geschmückt. Der Besenstiel bekommt am Ende einen Schlitz in der Dicke des Pferdekopfbrettes. Der Schlitz wird mit dem Leim bestrichen und der Pferdekopf in den Schlitz geklemmt. Trocknen lassen. Jetzt können die Riemen an den Seiten des Pferdekopfes befestigt werden. Wer einen besseren Halt erreichen will, bohrt ein Loch von 2 cm Durchmesser in den Pferdekopf, schiebt ein Rundholz mittig hindurch und verleimt es. Der Besenstiel wird zum Schluß auf die richtige Größe für den Reiter gekürzt.

Becher, Schale und Krug aus Ton

Ton gehört zu den ältesten Werkstoffen der Menschheit. Anhand von Tonscherben oder auch gut erhaltenen Krügen und anderen Gefäßen können Archäologen Rückschlüsse auf die Lebensweise von ganzen Völkern ziehen. Bis ins ausgehende Mittelalter hinein waren viele Vorratsbehälter, Koch- und Eßgeschirre aus Ton. Wo gute Tonerde gefunden wurde, entwickelte sich ein Töpferhandwerk. Die Töpfer haben damals bereits ihre Gefäße auf einer Töpferscheibe gedreht. Bis heute hat sich aber auch noch die Methode erhalten, Gefäße aus Wülsten aufzubauen.

Material: Ton; Zeitungspapier als Unterlage; Rundholz; Messer; evtl. Blatt zur Verzierung; Holzlöffel, Lineal oder Eierlöffel; Brennofen
Alter: ab 4 Jahren

Becher:
Mit den Händen wird der Ton auf einer Unterlage aus Zeitungspapier zu einer Kugel gerollt und anschließend flach geklopft. Mit einem Rundholz wird die Fläche glatt ausgerollt, bis sie die Stärke von 1 cm hat. Für den Boden rechnen wir mit einem Durchmesser von 6 cm und für die Wand des Bechers mit einer Höhe von 9 cm. Mit einem Messer werden die Kanten gerade herausgeschnitten. Nun wird die Wand senkrecht um den Boden gegeben und am Ansatz mit den Fingern zusammengedrückt und verstrichen. Den Becher vorsichtig wenden und Fugen wiederum verstreichen.

Schale:
Gut geschlagener Ton wird wieder zur gewünschten Stärke ausgerollt. Kleinere Schalen haben einen Durchmesser von 12 cm. Es kann auch ein Blatt auf der Tonfläche ausgelegt und angedrückt werden. Das Blatt wird danach mit dem Messer vorsichtig abgehoben, damit das feine Muster auf dem Schalenboden nicht zerstört wird.

Krug:
Die Bodenfläche wird aus einer Tonkugel zu einer flachen Scheibe zusammengedrückt. Für die Krugwand werden diesmal lange Tonwürste oder dünn ausgerollte Schlangen aus Ton von unten nach oben aufgebaut. Die Ringe müssen fest aneinander haften und werden mit den Fingern innen und außen glattgestrichen. Auch ein Holzlöffel, Lineal oder ein Eierlöffel helfen beim Glätten.
Achtung: Die geformten Gefäße erhalten ihre Festigkeit erst durch das Brennen. Gründliches vorheriges Trocknen an der Luft ist wichtig, sonst werden die Arbeiten beim Brennen rissig. Falls in der Schule, im Kindergarten oder im Jugendhaus kein Brennofen vorhanden ist, kan man bei der nächsten Töpferei darum bitten, die Gefäße zu brennen.

Tonreste werden für das Murmelspiel zu kleinen Kugeln gerollt.

Amulett aus Ton

Auch wenn die Bevölkerung längst zum Christentum bekehrt war, der Glauben an dunkle Mächte und Geister beherrschte nach wie vor das Denken. Gegen alle möglichen Unglücke halfen kleine Amulette.

Material: Ton; Ausstechformen (z. B. vom Plätzchenbacken); dünner Stock oder Stricknadel; Band
Alter: ab 3 Jahren

Der Ton wird ausgerollt und mit Ausstechformen ausgestochen. Verzierungen können einfach dadurch hergestellt werden, daß wir verschiedene Gegenstände (z. B. Zweige, Blätter, Knöpfe ...) in den Ton drücken. Mit einer Stricknadel kann ein Loch in das Amulett gestochen werden. Ein Band wird hindurchgeführt und verknotet.

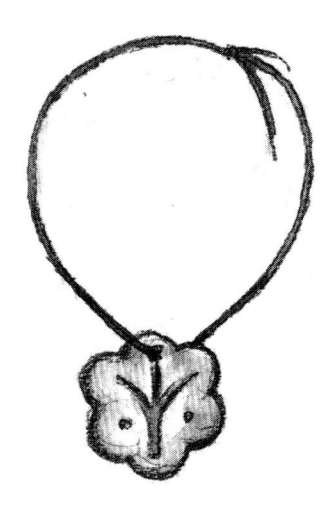

Im Haus der Eltern

„Nun will ich euch etwas über den Bauern sagen,
was er nach kaiserlichem Gesetz tragen soll:
schwarz und grau, eine andere Farbe ist ihm nicht erlaubt.
Keilstücke an den Seiten, das ist seinem Stand angemessen.
Sieben Ellen rauhes Leinentuch für Hemd und Hose
sind ihm gestattet."
(Aus der „Kaiserchronik", Mitte 12. Jahrhundert)

Wenn die Häuser gebaut wurden, halfen alle Dorfbewohner mit: Bei der Holzbeschaffung, beim Vorbereiten des Bauplatzes, beim Rohbau, beim Dachdecken mit Stroh oder Schilf, beim Stampfen des Lehms für die Wände und den Boden. Wer die meiste Erfahrung hatte, leitete die Bauarbeiten. Die Bäume wurden von den kräftigen Männern gefällt und bearbeitet; aber selbst die Kinder konnten viele Handlangerdienste leisten, und die Arbeit mit Lehm machte ihnen sicher ebenso viel Spaß wie Kindern heute, wenn sie im Sand Burgen bauen oder aus Ton Tiere und Töpfe formen.

Die Häuser wurden meistens aus Holz errichtet, in südlichen Ländern häufig auch aus Feldsteinen. Dort hatte sich noch die viel höher entwickelte Bautechnik der Römer erhalten, die ja mehrstöckige Häuser aus behauenem Stein errichten konnten.

Fur den Hausbau brauchten die Siedler dicke und dünne Stämme. Sie wurden mit Äxten auf die richtige Größe behauen, von der Rinde befreit und anschließend mit Holzstiften aneinander befestigt, bis das Gerippe des späteren Hauses stand.

Aus geflochtenen Zweigen wurden die Wände im Inneren der Häuser, die z. B. den Stall vom Wohnraum der Familie abteilten, hergestellt. Die Außenwände konstruierte man nach derselben Methode, oder aber mit Bohlen, die jeweils auf einer Seite eingekerbt und ineinandergefügt wurden – im Prinzip so wie heute viele Hobbywerker ihre Dächer mit Nut- und Federbrettern auskleiden.

Das Flechtwerk der Wände wurde mit feuchtem Lehm bestrichen, der im Sommer kuhlt und im Winter wärmt, ein idealer Baustoff. Diese Methode ist auch noch Jahrhunderte später beim Bau von Fachwerkhäusern angewendet worden. Und wer einmal beim Abbruch oder Umbau eines alten Fachwerkhauses zuschauen kann, sieht sowohl das Flechtwerk als auch die Holz„nägel", die in die Eichenbalken getrieben sind.

Um die Jahrtausendwende setzte sich allmählich auch in den Dörfern eine neue Konstruktionsweise durch: Die Häuser wurden auf ein Fundament aus Stein gesetzt, anstelle der vorher üblichen, in die Erde gerammten Holzpfosten. Damit waren die Häuser stabiler und hielten länger, denn die Holzbohlen wurden, obwohl im Feuer gekohlt und dadurch widerstandsfähiger, durch die Bodenfeuchtigkeit relativ schnell morsch.

Das Innere der Bauernhäuser war nach unseren heutigen Vorstellungen alles andere als gemütlich: Es gab oft nur einen einzigen Raum, in dem auch noch das Vieh lebte. Der Boden bestand aus festgestampfter Erde, Licht fiel entweder durch die offenstehende Tür oder durch eine Luke, die mit einem Weidengeflecht oder Brettern notdürftig verschlossen werden konnte – Fensterglas hatten nur reiche Adlige. Und mit dem Licht kamen je nach Jahreszeit Kälte, Hitze und Feuchtigkeit durch die Tür.

Neben Brettern und Holzpflöcken an der Wand, die den gesamten Hausrat und die Arbeitsgeräte aufnahmen, bestand das spärliche Mobilar aus einem großen Tisch und Bänken als Sitz- und Schlafgelegenheiten, bestenfalls mit einer Lage Stroh oder einem Schaffell gepolstert. In hölzernen Truhen wurde die Kleidung verstaut. Die meisten Familien besaßen auch einen Webstuhl.

„Die drei schlimmsten Dinge im Haus sind ein undichtes Dach, ein böses Weib und Hausrauch." heißt ein altes Sprichwort. Das Bauernhaus war ständig verräuchert. Einen Rauchabzug oder Schornstein gab es nicht. Von der Feuerstelle, die sich am Boden mitten im Raum befand, konnte der Rauch nur durch die geöffnete Eingangstür oder Luke abziehen. Beim Essenkochen wurde die Glut mit dem Eisenhaken so verteilt, daß die Hitze von allen Seiten an die Töpfe herankommen konnte. Das Kochgeschirr aus Ton hatte keinen Deckel, so daß ständig mit dem Holzlöffel umgerührt werden mußte, um nichts anbrennen zu lassen. Wasser durfte nur ganz vorsichtig nachgegossen werden, damit der Topf bei dem großen Temperaturunterschied nicht zersprang.

Im Topf der Bauernfamilie kochte ein Getreidebrei oder eine Gemüsesuppe, angedickt mit ein paar Stücken altbackenem Brot. Getreide in jeder Form, als Pfannkuchen und Fladen, Brei oder Grütze war die Hauptnahrung, dazu kamen Erbsen- und Bohnengemüse, Kraut, Milch und Eier, falls die Familie eine Ziege und Hühner besaß. Fleisch kam selten auf den Tisch, manchmal mußte allerdings ein Schwein oder eine Ziege im Spätherbst geschlachtet werden, weil das Viehfutter knapp wurde. Das Fleisch wurde in den Rauch gehängt oder gepökelt, Wurst kannte man im Mittelalter noch nicht. Auf dem Markt konnte ein inländischer Bauer eingesalzenen Hering von der Küste kaufen oder getrockneten Kabeljau und Schellfisch. Trockenfische hielten sich bis zu zwei Jahren und mußten erst ausgiebig mit dem Holzhammer weichgeklopft und anschließend stundenlang eingeweicht werden, bis sie in die Suppe kamen. Bei festlichen Anlässen gab es gebratenes Geflügel oder Schweinefleisch, Fladen mit Fisch- und Obstbelag, in Schmalz gebackene Brotschnitten mit einer Füllung aus Dörrpflaumen.

Zum Essen wurde Wasser oder Molke getrunken, häufig schon morgens selbstgebrautes Bier. Wein wurde auch in Norddeutschland und in Dänemark angebaut und mit Gewürzen oder Honig gesüßt. Fremdländische Gewürze konnten sich nur die Reichen leisten, die Bauern benutzten viele einheimische Kräuter.

Wenn die Suppe auf dem Tisch stand, saß die Bauernfamilie, getrennt nach Männern und Frauen, schweigend um den Topf herum, und nacheinander durfte jedes Familienmitglied den einzigen Löffel eintauchen: Erst der Vater, dann die älteren Bruder; danach kamen die Mutter und die großen Töchter dran, zum Schluß die kleinen Kinder. Und dann ging es wieder von vorn los, bis der Topf leer war.

Die bäuerliche Kleidung

Die Kleidung des Menschen machte den Stand deutlich, dem er angehörte. Vom 13. Jahrhundert an wurden in den Städten strenge Kleiderordnungen erlassen, die genau regelten, wieviel Perlen und Stickereien eine Handwerkersfrau an ihrem Kleid tragen durfte, ob Schnabelschuhe bei den Männern erlaubt waren oder wie die Kopfbedeckung geformt zu sein hatte. Aber auch im 11. Jahrhundert existierten schon klare Vorschriften über die standesgemäße Kleidung. An schlichten Kleidern sollte schon von weitem zu sehen sein, daß es sich um einen Bauern handelte. So waren z. B. die Farben grün, gelb und weiß dem Adel vorbehalten, die bäuerlichen Kleider blieben meist ungefärbt oder hatten gedeckte Schwarz-, Blau- – und Grautöne. Die Frauen und Mädchen stellten die

Kleidung für die Bauernfamilie selbst her. Sie spannen zuerst den Faden und webten dann den Stoff, hauptsächlich aus Leinen, Flachs und Schafwolle.

Der Mann trug einen knielangen Rock (Kittel) mit „Keilen", das sind Stoffansätze an den Seiten, um sich bei der Arbeit genügend bewegen zu können. Darunter zog er ein ebenso langes Hemd an. Die Beine wurden von Waden- und Fußwickeln umhüllt. Um den Unterleib war ein Tuch gewickelt, der sogenannte Bruch.

Die Bäuerin hatte eine Leibbinde an, ein langes Unterkleid und darüber eine lange und faltenreiche Kutte (Kleid). Auch sie trug Fuß- und Wadenwickel. Als verheiratete Frau mußte sie ein Kopftuch anlegen, zur Feldarbeit setzte sie einen Hut aus Stroh auf.

Der Bauer trug eine Wollmütze oder ebenfalls einen Strohhut. In der kalten Jahreszeit bedeckten Männer und Frauen Kopf und Schultern mit einem Kapuzenumhang aus dickem Wollstoff.

Die Schuhe wurden aus Stroh oder Holz hergestellt, für besondere Anlässe gab es auch Lederschuhe, die „Bundschuhe".

Der verhängnisvolle Brei

Mutter kocht aus unseren spärlichen Vorräten einen Roggenbrei, es bleibt auch kaum etwas anderes in dieser Jahreszeit. Außer Kraut, Kohl und Rüben ist vom Gemüse nichts mehr übrig geblieben. Heute sollen zur Abwechslung Rüben den Brei schmackhafter machen. Ursula und ich müssen die harte Rübenhälfte mit dem Messer kleinschneiden. Mutter hat das Feuer geschürt und stellt den Topf mit Wasser in die Glut. Brei und geschnittenes Gemüse kommen dazu und müssen nun behutsam köcheln.

Plötzlich schreit Anna wieder auf, seit Tagen hustet und keucht sie, und es wird nicht besser. Mutter muß zu ihr und ihr beruhigend die Hand auf die Stirn legen. „Ursula, paß gut auf, daß nichts anbrennt." Ursula rührt vorsichtig den Brei um. Das Wasser ist bald verdampft, Ursula will aus dem Holzeimer ein wenig nachgießen, aber ein großer Schwall Wasser schwappt in den Topf, und er springt entzwei. Mutter kommt herbeigestürzt, aber es gibt nichts mehr zu retten. Weinend hockt Ursula an der zischenden Glut, den Wassereimer noch in der Hand. Der Brei ist verdorben und der Topf kaputt. Mutter macht ein sorgenvolles Gesicht: Was soll sie jetzt zum Essen auf den Tisch bringen?

Unsere Dorfgeschichte

Der Winter ist dieses Jahr erbärmlich kalt gewesen. So haben wir für unser Feuer mehr Holzscheite verbraucht als Vater dachte, und der Vorratsstapel ist viel schneller kleiner geworden als im Vorjahr. Noch ist an Aussaat nicht zu denken, alles ist noch naßkalt, und Schnee kann es auch noch einmal geben.
Aber untätig sind wir deshalb nicht. Mutters Webstuhl macht sein „tak, tak, tak, tak". Sie sitzt viele Stunden am Tag und webt unseren Flachs. Schon seit Tagen helfen wir beim Spinnen, Weben und Nähen, meine Hände sind inzwischen

ganz wund, Ursula geht es ebenso. Der Rauch des kleinen Feuers beißt in den Augen, und die Luft kratzt entsetzlich im Hals. Vater ist froh, wenn er, Kopf und Schulter in den warmen Kapuzenumhang gehüllt, hinausgehen kann, um den Hackenstil zu reparieren oder die Scharten an der Axt auszuwetzen.

Spannend wird es abends, wenn Mutter und Vater erzählen, wie sie zu Ritter Ulrich Rübesam kamen. Zuerst waren sie zufrieden mit der neuen Herrschaft, aber jetzt bereuen sie es schon manchmal, daß sie ihre alte Heimat verlassen haben.
Mutter erinnert sich: „Wir kamen weit von Westen auf der Suche nach neuem Land. Ritter Lothar hatte im Auftrag des Burgherren Ritter Rübesam Bauernfamilien und kleine Handwerker angeworben, die bereit waren, neues Land zu bebauen. In der alten Heimat waren die Äcker zu klein, und was die Halme trugen, reichte nicht, um alle Mäuler zu stopfen. Das meiste mußten wir sowieso den Mönchen abgeben, denen das Land gehörte."
Vater lacht bitter auf: „Von wegen christliche Nächstenliebe und Demut. Ausgepreßt haben uns die Mönche und keine Nachsicht geübt, wenn der Hagel unsere Ernte vernichtet hatte. So haben Mutter und ich uns mit Heinrich und Albrecht auf den weiten Weg gemacht, mit dem Karren und einem Ochsen, den uns der alte Weinbauer geschenkt hat, weil wir immer bei der Weinlese geholfen haben.
Als wir unterwegs waren, durch die endlosen Wälder und an unwegsamen Sümpfen vorbei, gesellten sich unserer kleinen Gruppe noch ein paar andere Familien hinzu. Allen wurden gute Verträge versprochen. Wir sollten frei sein auf dem Land, und Abgaben wollte der Burgherr erst im vierten Jahr."

Vater macht eine Pause, dann fährt er fort: „Was Ritter Lothar nicht erwähnt hat, waren die Räuber, umherziehende heimatlose Krieger, die das neue Land bedrohten. Solange um die Burg des Ritter Rübesam keine Bauern siedelten, ging sein Land immer wieder verloren, Überfälle bedrohten die Ernten und sogar die Burg selbst. Da konnte er froh sein, daß wir und die anderen Siedler Wald rodeten, unsere Dörfer befestigten und immer Wache hielten. In den ersten Jahren gab es mehrere Überfälle, Drutwins Vater wurde auf dem Weg zum Markt ausgeraubt, und Walther, den alten Hirten, haben sie erschlagen und alle Schafe fortgeschafft. Vor vier Jahren, als wieder eine Räuberbande in der Gegend war, ist der Burgherr mit seinem Vetter und mit anderen Rittern zusammen ausgerückt, wir haben uns mit Messern, Hacken und Dreschflegeln bewaffnet und die Räuber in ihrem Schlupfwinkel überrascht. Fünf sind gleich erschlagen worden, einige konnten fliehen, und den Anführer haben sie oben am Galgenberg aufgehängt. Seitdem ist Ruhe.
Gedankt hat es uns der Burgherr nicht. Jetzt sind wir ja schon bald sechs Jahren hier im Dorf, und so manches hat sich geändert. Die Abgaben werden von Jahr zu Jahr drückender, besonders schwer sind die drei Tage Dienst auf den Gütern vor der Burg, ausgerechnet dann, wenn wir auf unsere eigenen Felder müßten. Und die Ernte war in den letzten beiden Jahren auch nicht zum Besten."
Vater verstummt, und Mutter setzt sich wieder an den Webstuhl. Vielleicht können wir wenigstens so viel Stoff gewinnen, daß etwas für den nächsten Markttag auf der Burg übrigbleibt. Und dann haben wir während der langen Wintertage auch noch einige Amulette geschnitzt, die vielleicht auch Abnehmer finden.

Würfelspiel und Hexenfaden

Würfelspiele waren im Mittelalter verboten. Die Priester konnten die Glücksspiele aber noch so heftig verdammen, sie wurden trotzdem überall gepflegt: Nicht nur zum Zeitvertreib, sondern auch wegen ihrer magischen Aussagekraft. Dem, der eine Sechs und zwei Vieren wirft, dem wird gesagt, er solle sich besser keine Hoffnung machen. Und so gab es für jede Zahlenkombination eine festgelegte Bedeutung. Würfeln hieß damals Knobeln oder Knöcheln – als Hinweis auf das Material, aus dem die Würfel geschnitzt waren.

Paar und Unpaar mit Halsknochen

Mit gefärbten Knochen vom Hühnerhals wurde Paar- und Unpaar gespielt. Wer die meisten Knochen mit denselben Farbflächen oben liegen hatte, war Sieger. Waren die einzelnen Seiten mit Bildern oder mit Zahlen versehen, konnten die Knöchelchen auch zu anderen Würfelspielen benutzt werden.

Material: Halsknöchel von mehreren Hähnchen, schwarzer Stift
Alter: ab 4 Jahren
Die Knochen werden ausgekocht und sorgfältig von Fleischresten gereinigt. Mit einem Buntstift abwechselnd schwarz anmalen und weiß lassen.

Zahlenreihe

Material: Würfel aus Holz, Ton oder Knochen
Alter: ab 6 Jahren

Die Spieler würfeln reihum. Zuerst soll die Eins, dann die Zwei, dann die Drei usw. bis zur Sechs gewürfelt werden. Wer schafft es zuerst, die Zahlenreihe auch wieder rückwärts zu würfeln?

Knobeln mit Knochen

In diesem Spiel bestimmen die Kinder ihre Rolle in der mittelalterlichen Gesellschaft.

Material: verschieden lange Knochen von Hühnern; schwarze, rote und gelbe Farbe
Alter: ab 3 Jahren

Sorgfältig gesäuberte und verschieden lange Knochen von Hühnern werden an einem Ende entweder mit Farbe markiert oder weiß gelassen. Sie ragen alle gleichlang und ohne Farbe aus der Erde und müssen gezogen werden. Ein rotes Ende steht für Adliger, ein schwarzes für Mönch, ein gelbes für Ritter, ein weißes für Bauer. Wenn genügend Kinder mitspielen, werden zehnmal mehr Knochen ohne Farbe vorbereitet, denn die Bauern stellten ja über 80 % der Bevölkerung.

Zwölferjagd

Material: Würfel aus Holz, Ton oder Knochen
Alter: ab 9 Jahren

Jeder Spieler würfelt dreimal. Die Zahlen werden stets zusammengezählt. Wer 12 wirft, muß diese von seinem Gesamtergebnis abziehen. Gewinn hat, wer zuerst bei 100 angelangt ist.

Faden abnehmen

Fadenspiele gibt es in den meisten Kulturen. Häufig wurde den zum Teil komplizierten Figuren magische Bedeutung beigemessen, und sie wurden von Familie zu Familie als Geheimwissen weitergegeben.

Material: Faden von 1,5m bis 2 m Länge
Alter: ab 7 Jahren

<u>Grundfigur:</u> Den Faden veknoten, über beide Daumen hängen und über die kleinen Finger führen. Der rechte Zeigefinger schiebt sich unter den Fadenteil in der linken Hand und zieht ihn nach rechts, der linke Zeigefinger schiebt sich unter den Fadenteil in der rechten Hand und zieht ihn nach links. Beide Hände auseinanderstrecken und den Faden strammziehen. Mit dieser Grundstellung kann z.B. die folgende Figur gelingen.

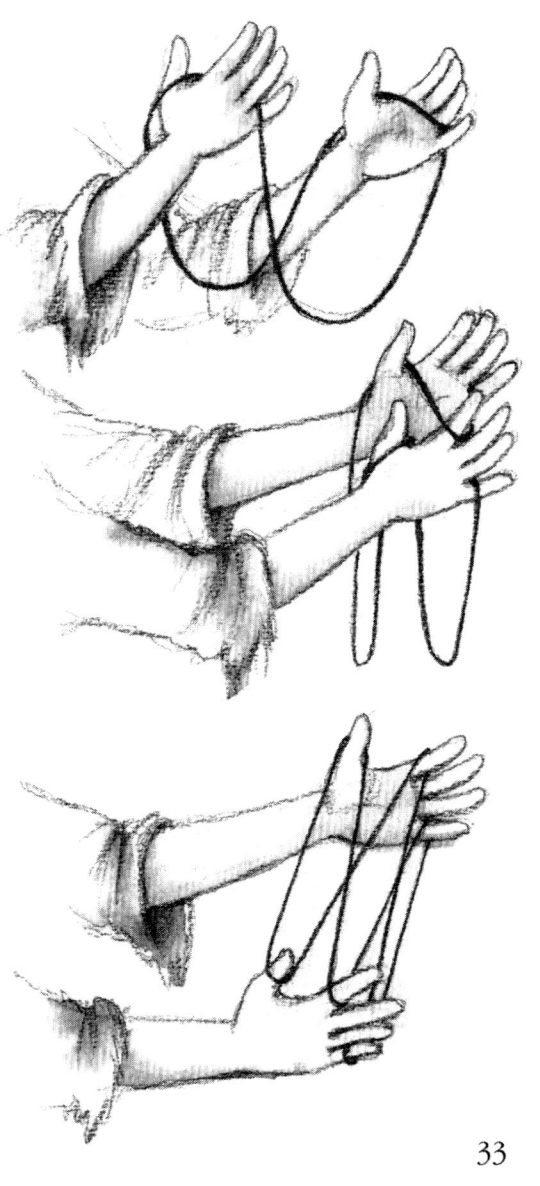

Zwei Diamanten

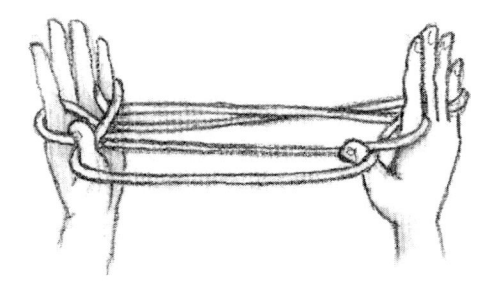

1. Die Daumenschlingen fallenlassen und den Faden strammziehen

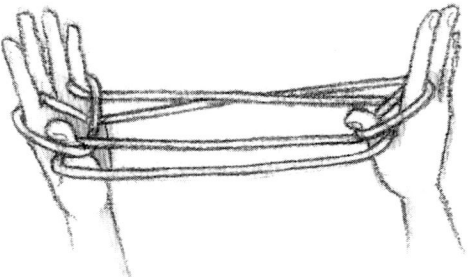

2. Mit den Daumen über die Fäden am Zeigefinger und den vorn am kleinen Finger liegenden Faden greifen. Mit dem Rücken den hinten liegenden Faden der kleinen Finger holen. Die Fäden an den Zeigefindern werden über die Daumen gezogen.

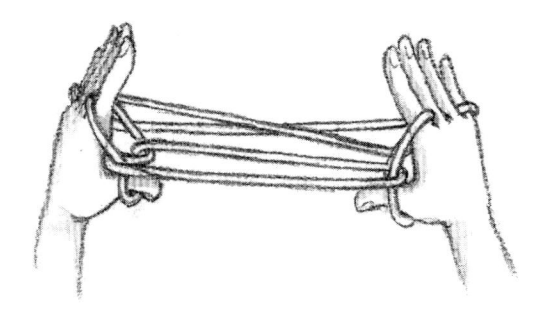

3. Daumen abwinkeln und unter den vorn liegenden Fäden bei den Daumen durchgesteckt.

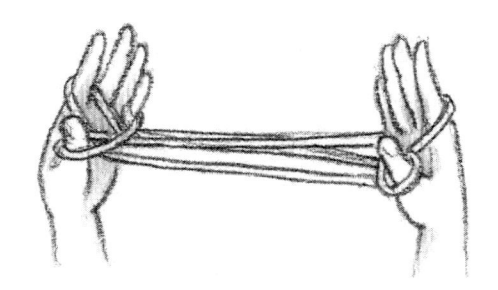

4. Daumen wieder nach oben strecken: Der vorher vorn liegende Faden ist jetzt hinten.

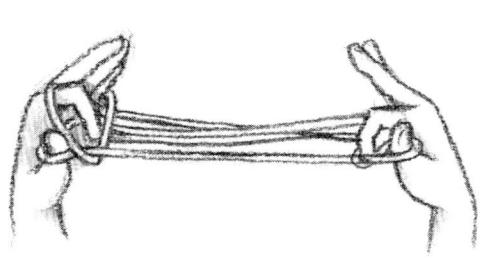

5. Neben der Daumenschlinge hat sich ein kleines Dreieck gebildet. In diese Öffnungen werden die Zeigefinger von oben hineingesteckt und die Hände nach unten gedreht.

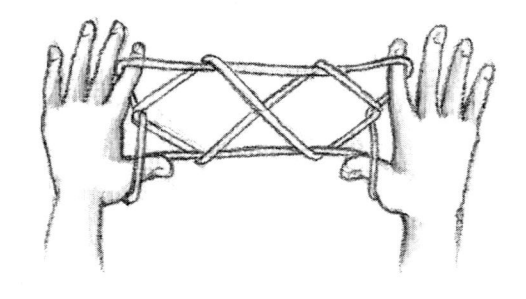

6. Die Schlingen von den kleinen Fingern werden abgeworfen, die Zeigefinger von den Daumen abgespreizt und die Hände nach oben geführt. So sind „zwei Diamanten" entstanden.

Filzhut und Speckstein

Färberei mit Waid

Waid war im Mittelalter die wichtigste einheimische Pflanze zum Blaufärben. Viele weitere Pflanzen, aber auch Minerale hatten färbende Wirkung und wurden je nach Vorkommen verwendet. Mit Färberwau wurde gelb, mit Krapp Wolle rot gefärbt, Holunder gab grauviolette Farbe, Zwiebelschalen bräunlich-gelbe. Die Ständeordnung ließ der Bäuerin nur die Farben grau und blau, und so konnte sie nur heimlich die Färbekraft der Pflanzen aus der Umgebung ausprobieren. Um die Wolle zu reinigen, wurde Seifenkraut verwendet. Es ist ein fast ebenso wirksames Waschmittel wie Seife.

Material: Waid, Essig, alter Topf oder Kessel; 15 g Alaun auf je 100 g Wolle (aus der Apotheke); Eimer; Tücher zum Aufbewahren; Tuch zum Seihen; evtl. Essig und Porzellangefäß
Alter: mit Hilfe ab 5 Jahren

Waid: Die Samen gibt es im spezialisierten Versandhandel und in einigen Samenhandlungen. Säen wir die Samen im Juni, so blühen die Pflanzen im folgenden Jahr von Juni bis August: Bei der April-Aussaat ist noch im selben Jahr mit blühenden Pflanzen zu rechnen. Färberwaid ist zweijährig.

Beizen (Arbeitsdauer 1 Stunde plus Zeit zum Auskühlen):
Die Wolle muß in reichlich lauwarmem Wasser gewaschen und von allem Schmutz befreit werden, damit die Farbstoffe fleckenlos aufgenommen werden können. Seife oder ein Wollwaschmittel dürfen benutzt werden. Damit die Naturfarben tief in die Faser eindringen können, muß gebeizt werden. (Ist der Farbsud bereits hergestellt, kann gleichzeitig gefärbt und gebeizt werden). Im Wasserbad wird Alaunsalz aufgelöst, die feuchte Wolle locker hineingelegt und eine Stunde lang gekocht. Die Wolle soll im Beizbad anschließend auskühlen. Die Wolle kann nun getrocknet und in Tücher eingeschlagen verwahrt werden.

Färben (Vorbereitungszeit 1 Stunde zum Auskochen der Pflanzen, Färben 1 Stunde):
Zum Färben werden die grünen Teile vor der Blüte geerntet, kleingeschnitten, eingeweicht, 1 Stunde ausgekocht und anschließend durch ein Tuch abgeseiht. Werden die Blätter in wenig Wasser gekocht, entsteht ein blaugrüner Sud. Geben wir diese Lösung in ein Porzellangefäß und fügen einige Tropfen Essig hinzu, erscheint das reine Blau. In den Farbsud kommt die Wolle und soll eine weitere Stunde köcheln. Auch das Beizen ist im Farbsud möglich.

schel aus der Wolle hervorgezupft und um den Haken geführt. Dann muß die Spindel schnell gedreht werden, wobei sich die Wolle zu einem Faden zwirbelt. Die rechte Hand zupft also immer abwechselnd neue Fasern aus dem Faserdreieck hervor und dreht die Spindel.

Weben

Weben heißt die Technik, mit der zwei Fäden, nämlich der in der Längsrichtung laufende „Kettfaden" und der aus der Querrichtung hinzukommende „Schuß", zu einer flächigen Verbindung zusam-

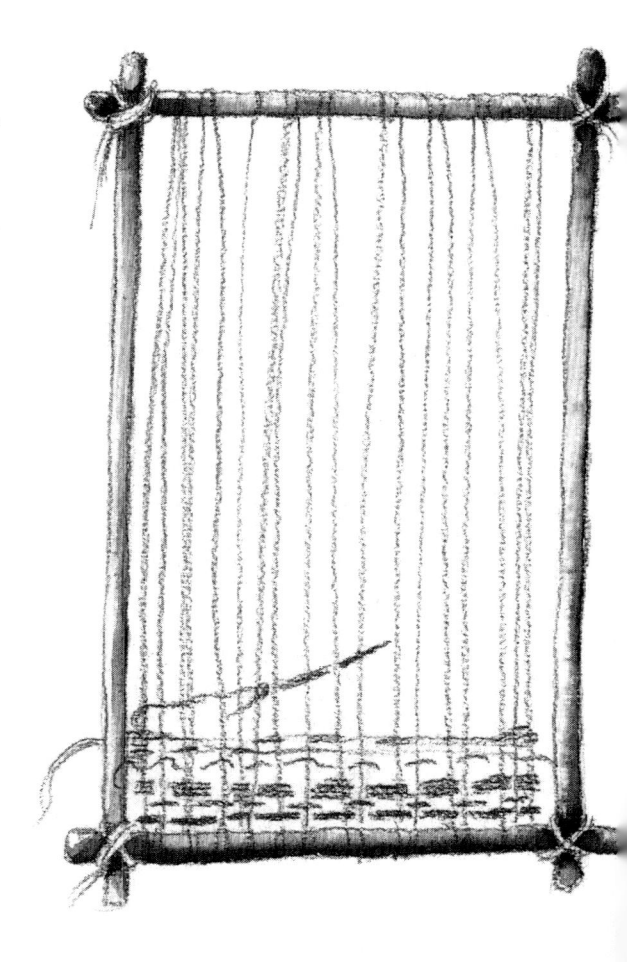

Spinnen mit der Spindel

Frauen und Mädchen, egal ob sie von einfachem Stand oder von Adel waren, sollten ständig beschäftigt sein. Beim Spinnen und Nähen mußten sie still sitzen und konnten ihre Gedanken nicht schweifen lassen, wie ein mittelalterlicher Moraltheologe schrieb. Der Faden für ein Hemd brauchte viele Stunden Arbeit mit der Spindel. Eine Stunde dauerte es allein, mit geschickten Fingern 50 – 60 Meter Faden zu erhalten. Für ein Kleid mußten die Frauen etwa 400 Stunden spinnen, weben und nähen, bis es fertig war! Später erleichterte das Spinnrad die Arbeit.

Material: runder Holzstab (ca. 1/2 cm dick und 25 cm lang); Holzscheibe mit einem Durchmesser von 7,5 cm und einem Loch in der Mitte; Haken; rohe Wolle; Wollkamm
Alter: mit Hilfe ab 9 Jahren

Durch ein entsprechend großes Loch in der Mitte der Holzscheibe wird der Holzstab gesteckt. In ein Ende des Holzstabes wird vorn ein kleiner Haken geschraubt. Ein Bausch roher Schafwolle wird gut durchgekämmt. Die Wolle muß in der linken, die Spindel in der rechten Hand gehalten werden. Nun wird ein kleines Bü-

mengeführt werden. Diese „Leinwandbindung" ist die einfachste und älteste Webtechnik, und sie ergibt besonders feste Materialien. Gewebt wurde am senkrechten Gewichtswebstuhl. Hier wurden die senkrechten Fäden mit Gewichten aus Ton beschwert.

Material: Vier gerade Stöcke; dünnes Seil; Woll- oder Stoffreste, Fasern, Zweige
Alter: ab 5 Jahren

Die Stöcke werden an ihren Enden mit vier Schnüren verknotet, so daß ein Rahmen entsteht. Um zwei gegenüberliegende Stöcke wird ein Faden gespannt: Der Faden wird um den unteren Stock gewickelt und zum oberen Stock gespannt. Nun wird der obere Stock einmal umwickelt, und der Faden wird wieder zum unteren Stock geführt. Dies wiederholt sich, bis der ganze Rahmen im gleichmäßigen Abstand „verspannt" ist.
Zum Weben eignen sich Woll- und Stoffreste, Fasern aus der Natur und sogar biegsame Zweige. Ein schönes Webbild entsteht, wenn verschiedene Wollfärbungen und verschiedene Materialien zusammengestellt werden.

Webteppich

Material: biegsame Pappe; Fahrradspeichen oder Grillspieße; Webnadel; Kamm; Wolle
Alter: ab 5 Jahren

Ein Stück biegsame Pappe in der Größe der gewünschten Webarbeit kann ebenfalls als Webrahmen dienen. Das Pappstück wird an der Ober- und der Unterkante im Abstand von einem Zentimeter etwas eingeschnitten. Dann wird der Faden des Rahmens (der Kettfaden) fest verspannt. Um eine bessere Webkantenbildung zu erreichen, werden links und rechts außen Stäbe (Fahrradspeichen, Grillspieße o.ä.) eingeschoben und mitverwebt.
Mit der vorn abgeflachten Webnadel wird nun der eingelegte Faden (der Schußfaden) durch die Kettfäden geführt. Ein Kamm mit größerem Zahnabstand hilft, die Fäden dicht an dicht zu drücken. Je dicker die gewählte Wolle für den Schußfaden ausfällt, desto schneller wächst der kleine Teppich für die Kemenate der Burg. Am Schluß werden die Spieße und die Pappe wieder entfernt.

Wolle filzen

Unkomplizierter als Weben ist das Filzen der Schafswolle. Aus dem Filz wurden Hüte, Mützen, Umhänge, Schuhe (mit Ledersohle) oder Handschuhe gefertigt. Kinder durften sich aus Wollresten Bälle und vielleicht Puppen machen.

Material: Gekämmte Wolle; Schüssel mit heißem Wasser; Kernseife; Tisch
Alter: ab 3 Jahren

Die Wolle wird gereinigt und gekämmt (kartiert). Mit fertig gekämmter Wolle ist das Filzen einfacher. Die Wolle wird mit möglichst heißem bis gut warmem Wasser übergossen und mit Kernseife eingerieben. Man kann aber auch gleich Seifenwasser nehmen. Durch Reiben verfilzt die seifige Wolle sehr schnell. Anschließend wird sie gewalkt und geknetet, so daß der Filz immer dichter wird.
Wollen kleinere Kinder filzen, braucht das Wasser auch nur lauwarm zu sein.
Filzen macht Kindern großen Spaß, dabei geht natürlich viel Seifenwasser daneben. Deshalb sollte die Aktion draußen stattfinden.

Filzkugel

Für die zahlreichen Ballspiele eignet sich sehr gut eine Filzkugel. Gefüllt mit einem Stein (oder mehreren) kann das gewünschte Gewicht erzielt werden

Material: gekämmte Wolle; Steine
Alter: ab 3 Jahren

Wir umwickeln den Stein mit der Wolle, gießen warmes Wasser darüber, nehmen die Kernseife zum Einreiben, drehen und reiben nun die seifige Kugel in beiden Händen so lange, bis die Wolle filzt. Bis die Kugel durchgetrocknet ist, dauert es eine ganze Weile.

Rand liegen beide Teile direkt aufeinander und werden mit warmem Wasser übergossen, mit der Seife eingerieben und gewalkt. Nach einem Augenblick verfilzen beide Teile miteinander, nur an der Öffnung für den Kopf, wo die Seide liegt, verbindet sie sich nicht. Mit ein bißchen Übung kann der Hut in zahlreiche Formen gebracht werden. Je länger wir walken, desto dichter wird die Kopfbedeckung. Das Seidentuch kann jetzt entfernt werden, da die Wolle verfilzt ist und sich nicht mehr weiter mit der gegenüberliegenden Seite verbinden wird. Verschiedenfarbige Wolle ergibt interessante Effekte.

Filzhut

Material: Grundausstattung; Zwei 40 x 40 cm Lagen Filz; Seidentuch
Alter: ab 5 Jahren

Für den Filzhut brauchen wir zwei Lagen gekämmte Wolle. Die erste Lage wird möglichst gleichmäßig auf das Brett gelegt. Dabei müssen wir darauf achten, daß keine Löcher bleiben und daß zum Rand hin ein kleiner Wulst ohne Fransen entsteht. Jetzt decken wir den mittleren Teil der Filzplatte mit einem Seidentuch ab, dort, wo die eine Hälfte des Hutes sich nicht mit der anderen verbinden soll. Nun können wir den mit dem Seidentuch abgedeckten Teil der Wolle mit warmen Wasser begießen, ihn mit Kernseife einreiben und das Einreiben mit den Händen fortsetzen. Sobald das Seidentuch mit der Wolle zu verfilzen droht, müssen wir es abziehen und das Reiben ohne Tuch fortsetzen. Ist die Wolle gut verfilzt, decken wir diesen Teil wieder mit einem Seidentuch ab. Jetzt legen wir die zweite Wollplatte deckungsgleich auf die erste. Am

Schuhe

Unser Stroh läßt sich nicht mehr zu Bändern, Schuhen u.ä. weiterverarbeiten, da es bricht. Deshalb benutzen wir Hanf für Latschen bzw. Leder für die sogenannten Bundschuhe.

Material: Hanfzöpfe oder Leder / Lederband; Nadel und Faden
Alter: ab 7 Jahren

Hanfzöpfe können geflochten und in Fußgröße zusammengenäht werden.
Für Lederschuhe wird ein ausreichend großes, weiches Lederstück, auf dem der Fuß steht, um den Fuß herum hochgeschlagen und um Fuß und Knöchel mit einem Band festgebunden.

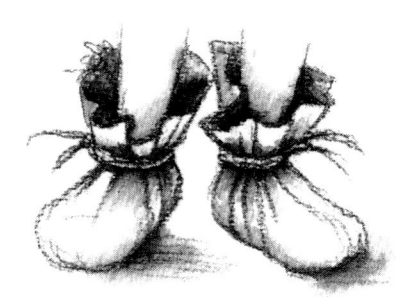

Strohpuppe / Fadenpuppe

Material: Wollfäden; Buch oder Brett; Schere; Nadel und Faden; evtl. Stoffreste
Alter: ab 5 Jahren

Da unsere Strohhalme heute nicht mehr biegsam genug sind, nehmen wir Wollfäden. Diese werden mehrfach um ein kleines Buch oder Brett gewickelt. Der entstandene Doppelstrang wird am oberen Teil zusammengebunden und am unteren Ende aufgeschnitten. Nun wird der Kopf nach einem Viertel der Stranglänge abgebunden. Unterhalb des Kopfes werden links und rechts Fäden für die Arme abgeteilt. Diese Fäden werden zu Händen umgeschlagen und verknotet. Rumpf und Beine werden ebenso abgebunden. Die Puppe erhält noch aufgenähte Augen, einen Mund und Haare aus Wollfäden. Wer mag, kann sie noch mit Kleidern aus Stoffresten anziehen.

Kittel

Material: Jutesack; Schere; Seil
Alter: ab 4 Jahren

In einen einfachen Kartoffelsack werden Durchschlupflöcher für Kopf und Arme geschnitten. Um den Bauch wird noch ein Seil gebunden.

Speckstein schnitzen

Speckstein kommt aus dem hohen Norden Europas und wurde schon von den Wikingern verarbeitet. Der weiche Stein kann geschnitzt werden, ist aber gleichzeitig hitzebeständig. Er wurde zu Kochtöpfen ausgehölt oder als Gußform für Metalle wie z.B. Bronze geschnitzt.

Material: Speckstein; altes Küchenmesser; Lederband; Wasser und Lappen
Alter: ab 7 Jahren

Beim Bearbeiten entsteht sehr viel feiner Staub, deshalb zwischendurch immer wieder naß wischen und die Arbeit möglichst im Freien erledigen.
Achtung: Es gibt Speckstein-Arten, die Spuren von Asbest enthalten.
Informieren Sie sich bei der Verbraucherberatung, was unbedenklich ist.

Gußform für Wachsamulett

Honig und Bienenwachs stammten von wilden Bienen. Die Bauern vertrieben sie aus ihren Nestern, indem sie auf die Nester schlugen und gewaltigen Lärm machten.

Material: Speckstein; Bienenwachs; Messer; Säge; alter Topf; Schnur
Alter: ab 7 Jahren

Die Gußform soll aus zwei Teilen bestehen, die wieder zusammengefügt werden, nachdem sie ausgehöhlt sind. Es muß also sorgfältig gearbeitet werden. Der Stein wird zunächst auseinandergesägt. Mit dem Messer schnitzen wir ein einfaches, aber leicht erkennbares Motiv (z.B. einen Vogel, ein Tier mit vier Beinen) in die eine Hälfte so tief ein, daß für die zweite Hälfte möglichst nur noch ein leicht ausgehöhltes Gegenstück nötig ist, da sonst die Gefahr besteht, daß beide Teile nicht gut zusammenpassen. Danach muß noch für das flüssige Wachs oben ein Loch ausgeschnitten werden. Mit Schnur werden die beiden Specksteinhälften zusammengehalten. Wichtig ist, daß möglichst wenige Ritzen zwischen beiden Teilen bleiben. Nun erhitzen wir das Bienenwachs in einem alten Topf und gießen es in die Specksteinform. Nachdem das Wachs abgekühlt und erhärtet ist, nehmen wir die Gußteile auseinander und kann noch entstandene Grate mit dem Messer nacharbeiten. Das Amulett erhält ein Loch, durch das ein Lederband gezogen wird. Nun wird es um den Hals gehängt und hält böse Geister

Hirsebrei und Holunderbeersuppe

Frischkornmüsli

Nüsse waren im Mittelalter sehr beliebt, konnte aus ihnen doch auch Öl gewonnen werden. Die Bauern hatten in der Regel nur eine Getreidesorte für ihren Brei.

Zutaten: 8 El geschrotetes Getreide (Weizen, Roggen, Gerste, Hafer); Dickmilch oder Sahne; Nüsse; Honig; Frischobst oder im Winter Trockenobst

Zubereitung: Geschrotetes Getreide wird über Nacht mit Wasser bedeckt, damit es quellen kann. Dann werden Dickmilch oder Sahne, Nüsse, Honig und Obst untergerührt. Das Müsli reicht für vier Personen.

Hirsebrei

Zimt war ein sehr teures Gewürz und wurde gewiß sehr sparsam verwandt!

Zutaten: 1/2 Pfund Hirse, 1 Liter Milch, 1 Prise Salz, 2 El Honig, 2 El Butter, 1 Prise Zimt

Zubereitung: Die Milch wird erhitzt und die Hirse hineingestreut. Beides kurz aufkochen, salzen und ausquellen lassen; das dauert ungefähr eine halbe Stunde. Auf den fertigen Brei kann nach Belieben Butter oder Kompott, Honig oder Zimt gegeben werden.

Holunderbeersuppe

Zutaten:
2 Birnen, 2 Äpfel, 1/2 l Holunderbeersaft, 1/2 l Wasser oder Apfelsaft, 2 Nelken, 2 El Honig; heute können wir die Suppe noch mit einem Tl Zimt und dem Saft einer halben Zitrone zusätzlich abschmecken.

Zubereitung: Birnen und Äpfel schälen, vom Kerngehäuse befreien und in Scheiben schneiden. Das Obst mit dem Wasser und den Nelken zu dem Holunderbeersaft geben und glasig dünsten. Am Schluß mit Honig, eventuell Zimt und Zitronensaft würzen.

Gemüsesuppe

Zutaten: Wasser, Möhren, Kohlrabi, Porree, Mangold, Petersilienwurzeln, Selleriekraut, Majoran, Liebstöckel, Petersilie, Schnittlauch, Salz, Roggenschrot

Zubereitung: Das Gemüse wird geputzt, gewaschen, in Stücke geschnitten und zusammen mit Majoran und Liebstöckel in Salzwasser gegeben. Roggenschrot hinzufügen. Das Ganze muß eine halbe Stunde lang kochen. Petersilie und Schnittlauch vor dem Servieren über die Suppe streuen.

Buchweizen

Eine nahrhafte Grütze wurde aus dem Samen des Knöterichs gekocht. Pfeffer und Zimt konnten sich nur reiche Leute leisten

Zutaten: 1/2 l Wasser, 200 g Buchweizen, Majoran, Schnittlauch, junge Brennesselblätter, Zwiebel, Kümmel, Muskat, Pfeffer; oder als süße Grütze Honig, Rosinen, Zimt, Haselnüsse

Zubereitung: Buchweizen in das kochende Wasser streuen. Dann 5 Minuten bei kleiner Flamme köcheln. Umrühren und bei ausgeschaltetem Herd 15 Minuten quellen lassen. Nach Geschmack salzig oder süß würzen.

Sauerkraut

Zutaten: Weißkohl (ungefähr 8 kg), Zehn-Liter-Tontopf mit Deckel, 4 saure Äpfel, 80 – 100 g Meersalz, 4 El Wacholderbeeren, Kümmel, Steine

Zubereitung: Den Weißkohl putzen und hobeln. In den Topf wird eine Schicht Kohl gegeben. Der Kohl wird festgestampft, bis sich Saft bildet. Darauf werden weitere Schichten mit Apfelscheiben und Gewürzen verteilt, bis der Topf zu 80% gefüllt ist. Nun werden große Kohlblätter und Steine zum Beschweren aufgelegt. Sie sollen stets mit Kohlsaft bedeckt sein.Deckel aufsetzen und den Topf zwei Tage – nicht länger! – warm (20 – 22 Grad) stehenlassen. In den nächsten Wochen bei niedriger Temperatur lagern. Bevor das Kraut für 2 – 4 Wochen in den kühleren Keller kommt, sollte es schon 2 – 3 Wochen bei 15 Grad gestanden haben. Nach sechs Wochen darf gekostet werden.

Buchweizenfladen

Zutaten: 250 g Buchweizenschrot, 20 g Hefe, 1/2 Tl Salz, 50 g Butter, 2 Eigelb, 2 Eiweiß, 300 ccm Wassser, Öl, Apfelmus

Zubereitung: Alle Zutaten zu einemTeig vermengen und mehrere Stunden ruhen lassen. Das Eiweiß zu Eischnee schlagen und unter den Teig heben. Öl in der Pfanne erhitzen und kleine Fladen ausbacken. Dazu schmeckt Apfelmus.

Sauerteig

Jahrtausendelang bestand Brot nur aus Mehl und Wasser. Fladenbrote wurden auf heißen Steinen oder in Holzkohleöfen gebacken. Bis eines Tages wohl durch Zufall eine Bäuerin entdeckte, daß über Nacht sauer gewordener Teig für bessere Backergebnisse, für lockereres Brot sorgt.

Zutaten: 100 g Mehl (Roggen oder Weizen), 0,1 l warmes Wasser

Zubereitung: Gleiche Teile von Mehl und Wasser werden miteinander in einer Schüssel verrührt und bleiben 24 Stunden bei Zimmertemperatur stehen. Um die erforderliche Säuerungsstufe zu erreichen, wird der Teig zweimal mit gleicher Mehl- und Wassermenge und gleichlanger Ruhepause vergrößert. Der Teig wird durchgeknetet. Er kann nun weiterverarbeitet, drei bis vier Tage im Kühlschrank aufbewahrt oder eingefroren werden.

Brotrezept

Zutaten: 250 ccm lauwarmes Wasser, 25 g Hefe-/Sauerteig, Salz, 200 ccm grobes Roggenmehl, 300 ccm Weizenmehl, Backform, Fett, Nudelholz oder Flasche

Zubereitung: Alle Zutaten in der genannten Reihenfolge vermischen und zugedeckt zwei Stunden ruhen lassen. Dann den Teig gut kneten, ausrollen und in eine gefettete Backform geben und nochmals eine halbe Stunde gehen lassen. Anschließend das Brot bei 200 °C eine knappe Stunde backen. Der Teig kann mit verschiedenen Kräutern gewürzt werden.

Krautbrötchen

Zutaten: 500 g Mehl zu 1/2 aus Weizen und zu 1/2 aus Roggenmehl, 40 g Hefe, 200 ccm angewärmte Milch, 50 g Butter, 1 Eigelb, Wasser, Kümmel, Koriander, Salz, Sauerkraut, Backblech

Zubereitung: Hefe in der Milch auflösen. Butter und Ei dazugeben. Mit dem Mehl und den Gewürzen zu einem Teig verkneten und zur Kugel formen. Den zugedeckten Teig eine Stunde gehen lassen, dann nochmals durchkneten und auf bemehlter Unterlage sehr dünn ausrollen. Nun Kreise von ca. 10 cm Durchmesser ausstechen und zur Hälfte als Brötchen-Unterhälfte auf ein gefettetes Backblech geben. Auf den Brötchenhälften Sauerkraut verteilen. Die restlichen Teigkreise darüber legen, an den Rändern zusammendrücken und mit einem verquirlten Eigelb-Wasser-Gemisch bestreichen. Die Brötchen eine halbe Stunde bei 200 °C backen.

Wer Sauerkraut nicht mag, kann auch auf Käse oder Schinken ausweichen.

Obst trocknen

Im Mittelalter wurden schon viele verdelte Obstsorten angebaut: Äpfel, Birnen, Aprikosen, Pflaumen. Von frischem Obst hielten die Menschen in der Regel nichts, die Bedeutung von Vitaminen war unbekannt. Äpfel und Pflaumen z.B. wurden gekocht oder gedörrt verzehrt.

Zutaten: Äpfel, Faden

Zubereitung: Das Kerngehäuse der Äpfel entfernen. Äpfel in 1 cm dicke Scheiben schneiden, auf einen Faden auffädeln und zum Trocknen aufhängen.
Auch Pilzscheiben werden so konserviert.

Kräuter trocknen

Mit dem teuren Salz mußte sparsam umgegangen werden; dafür hatten die Bauern aber Kräuter im Garten und kannten auch viele Wildkräuter, die nicht nur die Speisen würzten, sondern auch gegen Krankheiten halfen.

Zutaten: geeignet sind Thymian, Majoran, Liebstöckel, Salbei und Bohnenkraut (das typische Aroma bleibt erhalten)

Zubereitung: Kräuter am Vormittag pflücken und gleich zum Trocknen kopfüber im Schatten aufhängen. Haben wir ausreichend Kräuter, können wir sie auch zuvor zu Sträußen zusammenbinden (darauf achten, daß sich an der Bindestelle keine Fäulnis bildet!).

Der Bauerngarten

„swen in den buche we sî der nem betonicam , sîde si mit geiziner milche, eze sî mit swîninem smalze, trink neptam"
(„Wer Bauchweh hat, soll Betonicam = Heilziest in Milch kochen, Schweineschmalz essen und Neptam = Katzenminze trinken", lautete ein Rat der weisen Kräuterfrau)

In Gärten werden schon seit Menschengedenken Wildpflanzen kultiviert oder auch fremde Sämlinge in einer neuen Umgebung heimisch. Im Mittelalter wurden in allen Gebieten Mitteleuropas Obst-(pomarium), Gemüse-(hortus) und Gewürzgärten (herbularius) angelegt. Blumengärten entstanden als späteste Form des Gartenbaues. Rosen und Lilien, zunächst in den Klostergärten als Altarschmuck gezogen, werden vermutlich auch in den weltlichen Gärten den Anfang gemacht haben.
Aber auch die Nutzpflanzen boten ein buntes Bild. So waren viele mttelalterliche Bauernhäuser über und über mit Wicken bewachsen, genutzt als Futter für das Vieh. Walnußbäume wuchsen hinter den Häusern. Und im Frühjahr blühten überall die Obstbäume.
Zwar gab es schon in der Zeit Karls des Großen, im 9. Jahrhundert, verschiedene Obstkulturen, z. B. Pfirsichbäume; die Wildobstsorten behielten jedoch noch lange Zeit ihre Bedeutung. So wurde die Süßkirsche eigens unter Schutz gestellt, um auch die arme Bevölkerung mit Früchten zu versorgen. Der Bestand nahm im Laufe der Jahrhunderte derart zu, daß eine Verordnung des Königs von Frankreich im 17. Jahrundert, die Bäume gezielt zu fällen, fast zur Ausrottung der Kirschbäume führte. Der hochentwickelte Obstanbau war vor allem den Mönchen zu danken, die auch eine wichtige Rolle bei der Verbreitung neuer Techniken in Mitteleuropa spielten, bzw. viele bereits bei den Römern bekannte Entwicklungen in Deutschland einführten.
Was in den einzelnen Gegenden angebaut wurde, hing natürlich von Boden und Klima ab. Verbreitet waren in Mitteleuropa Gurke, Kürbis, Sellerie, Radieschen, Lauch, Zwiebeln, Saubohnen, Weißkohl, Rotkohl, Kohlrabi, Erbsen, Linsen , Knoblauch, Portulak, Möhren, Rüben, Pastinak und Feldsalat .
Der mittelalterliche Garten war zum Schutz gegen Wildfraß und auch als Abgrenzung gegenüber dem Nachbarn eingezäunt. Die Gartenwege wurden kreuzformig angelegt, um böse Geister fernzuhalten.
Im Kräutergarten wuchsen Pflanzen, die heilen können – als Tee, zum Inhalieren oder als Breiumschlag: „Dagegen ist ein Kraut gewachsen."; der Duft von Kräutern kann beruhigen oder anregen. Und in der Küche machen sie das Essen erst richtig schmackhaft. Was wäre auch für uns heute eine Suppe ohne Liebstöckel (aus dem übrigens Maggi hergestellt wird) oder Thymian, das Rührei ohne Schnittlauch und Gurkengemüse ohne Borretsch?
Das Angebot im „Wurzgarten" war reichhaltig: Majoran, Thymian, Estragon, Bohnenkraut, Pimpinelle, Kerbel, Salbei, Dill, Baldrian, Lavendel, Tripmadam, Kümmel, Petersilie, Minze, Kresse, Bockshornklee, Liebstöckel, Zitronenmelisse, Kardedistel, Weinraute, Eberraute, Schnittlauch, Borretsch, Seifenkraut, Beifuß, Hauswurz und Pflanzen zum Färben wie z. B. Färbedistel und Waid. Wieviel davon heute noch allgemein bekannt ist und auch genutzt wird?

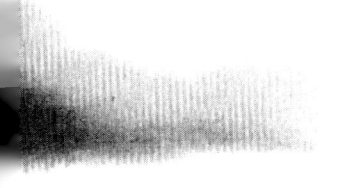

Weise Frau und Kräuterhexe

Den Garten zu versorgen, gehörte zu den Aufgaben der Frauen, ebenso wie die Betreuung von Kranken. Einige Frauen hatten sich spezialisiert und konnten ihr großes Wissen über Krankheiten und die Wirkung der Heilkräuter für viele Menschen einsetzen. Diese „weisen Frauen" waren Ärztin und Hebamme, sie wußten Rat, wenn der Kinderwunsch unerfüllt blieb oder eine Frau kein Kind zur Welt bringen wollte. Sie waren geachtet, aber auch ein bißchen gefürchtet. Denn wer soviel wußte, der mußte mit den Überirdischen in Verbindung stehen. Im 11. Jahrhundert konnten sie noch relativ ungestört ihrer Tätigkeit nachgehen, drei Jahrhunderte später waren sie ständig vom Tod bedroht. Wahrscheinlich war es ihr großes Wissen, das den weisen Frauen zum Verhängnis wurde. Die Obrigkeit, vor allem die Kirche, wollte den Einfluß der heilkundigen Frauen beschneiden, sodaß sie die unerwünschte Konkurrenz zu „Hexen" erklärte und im 15., 16. und 17. Jahrhundert verfolgen, anklagen, grausam foltern und meistens umbringen ließ.

Den „Hexen" wurde allerhand Teufelswerk angedichtet, das bei näherem Hinsehen einfach zu erklären war. So wurde z. B. behauptet, die Kräuterweiber würden nur deshalb ihre Pflanzen schon in der Morgendämmerung sammeln, damit sie niemand bei ihrer geheimnisvollen Tätigkeit beobachten könne. In Wirklichkeit entfalten manche Kräuter ihre Wirkung besonders intensiv, wenn sie vor Sonnenaufgang gepflückt werden.

Und wie steht es mit dem in vielen Hexenprozessen erhobenen Vorwurf, die Frauen seien geflogen? Auch in dieser Geschichte steckt ein wahrer Kern: Die weisen Frauen kannten die starke Wirkung von bestimmten Kräutern. Und manchmal wollten sie dieses Wissen auch anwenden, um sich selbst in einen Rausch zu versetzen, die Mühsal ihres Alltags zu vergessen. Dafür rührten sie Salben an. Die Säfte von Nachtschattengewächsen wie z. B. Bilsenkraut, Tollkirsche oder auch von Schierling, Schöllkraut und Mohn wurden mit Öl und Schmalz vermischt. Auf die nackte Haut gerieben, konnten sie tatsächlich rauschähnliche Zustände hervorrufen. Wissenschaftler haben nach überlieferten Rezepten Experimente gemacht und folgende Wirkungen beschrieben: erweiterte Pupillen, Herzrasen, Phantasien von Schwerelosigkeit, ein Gefühl, als würden sie fliegen. Wenn die Frauen damals aus ihrer Trance erwacht waren, müssen sie wohl manchmal phantastische Geschichten über ihre „Flugreisen" erzählt haben.

Lange Zeit wurden die alten Hausmittel belächelt, bis in den letzten Jahren die heilende Wirkung einiger pflanzlicher Mittel auch „objektiv" mit heutigen wissenschaftlichen Methoden nachgewiesen werden konnte. So wurde Knoblauch im Mittelalter als Mittel gegen viele Krankheiten benutzt. Da sich die angeschnittene Zehe schwarz färbt, glaubte man, daß sie das Schlechte aufsauge. Inzwischen weiß man um die antiseptische Wirkung des Knoblauchs, z. B. bei starken Ohrenschmerzen oder Entzündungen im Unterleib. Ganz abgesehen davon, daß die gefäßerweiternde Funktion der Knoblauchzehen als Vorbeugung gegen Abnutzungserscheinungen im Alter genutzt wird. Die Vorstellung unserer Vorfahren, der Knoblauch schütze vor dem „Bösen Blick", lebt in der Geschichte von Dracula fort.

Im Zaun ist ein großes Loch

Heute helfen Ursula und ich der Mutter bei der schweren Gartenarbeit. Enten und Ziegen zu hüten, macht uns sowieso keinen Spaß mehr, das ist etwas für die Kleinen. Und Heinrich füttert heute alleine das Vieh und mistet den Stall aus.

Ursula und ich holen den großen Weidekorb mit den Gartengeräten. Wir gehen vorbei an den vielen hohen und niedrigen Pflanzen im Wurzgarten, biegen am Wegekreuz links ab und laufen bis zum Gatter. Mutter hat gesagt, das Wegekreuz flößt den bösen Geistern Angst ein, und sie wagen es nicht, in unseren Garten einzudringen.

Aus dem Korb packen wir eine große und eine kleine Hacke und eine kleine Egge aus. Diese Gartengeräte sind aus Holz. Wir können damit die Erde auflockern und Rillen für die Samen ziehen. Schnell laufe ich noch einmal zurück zum Haus und hole den Holzspaten mit dem „Eisenschuh". Ein „Eisenschuh" ist ein Metallbeschlag am unteren Rand des Spatens. Dieser Spaten ist Vaters ganzer Stolz, weil Eisenwerkzeug sehr selten und kostbar ist. Er hat den Spaten im letzten Jahr von dem Händler bekommen und ihm dafür zwei Krüge Nußöl geben müssen.

Mutter kommt mit Leinensäcken, in denen sie getrocknete Samen vom letzten Jahr aufgehoben hat. Die Samen müssen sorgfältig behandelt werden, damit sie später gut wachsen. Ursula und ich haben angefangen, den Boden mit der kleinen Hacke zu öffnen und die fingertiefen Rillen für die Samen zu ziehen. Mit dem Platz müssen wir sparsam umgehen, weil fruchtbarer Boden rar ist.

Wir knien auf der Erde und drücken die Samen ein. In diesem Jahr säen wir Erbsen, Linsen und Gurken. Auch Portulak, Saubohnen, Möhren und Salat wachsen gut.

Mutter und Vater überlegen im Herbst immer genau, welche Pflanzen gezogen werden sollen und wo der beste Platz dafür im Garten ist. Im Frühjahr wissen wir auch stets, welche Gemüse am längsten unverdorben im Winter aufbewahrt werden konnten. Ganz besonders freue ich mich über den Flaschenkürbis. Er wächst schnell, und wenn wir ihn vorsichtig aushöhlen und trocknen lassen, können wir uns, außer einem leckeren Essen, schöne Gefäße daraus machen. Mutter hat große Freude an ihrem kleinen Wurzgarten mit den Heilkräutern und Gewürzen. Sie kennt sich auch gut aus mit den Heilkräften der Pflanzen. Sie kann Tee, Saft und Tinkturen bereiten, die uns helfen, gesund zu bleiben.

„Albrecht", die Mutter ruft nach mir. „Im Gartenzaun ist bei den Steckzwiebeln ein großes Loch". Von unten sind die Gerten nach oben gedrückt und drei sind gebrochen. Das war bestimmt kein böser Geist. Erst vor ein paar Tagen haben Vater, Heinrich und ich die Winterschäden im Gartenzaun mühsam ausgebessert. Es ist eine schwere Arbeit, und meine Finger sind ganz kaputt gewesen. Aber nach dem langen Winter suchen immer wieder Hasen und andere kleine Tiere nach jungem Grün. Da! In der feuchten Erde kann ich ganz deutlich den Abdruck einer Hasenpfote erkennen. Ich gehe zurück zum Haus und hole vom Holzstapel noch ein paar biegsame Gerten; damit kann ich das Loch im Zaun vielleicht flicken. Die Gerten aus Eibenholz werden erst langgezogen und dann fest um die Pfähle und die restlichen Zweige geflochten.

Ursula hat inzwischen alle Gemüsesamen verteilt und sät jetzt noch den Waid aus.

Mir tun die Knie weh, und ich fange an zu springen und zu hüpfen. Ich habe Lust, durch die Wiese zu laufen. Kaum bin ich mit zwei Schritten in das Kräuterbeet geraten, als Mutter schon mit lauter Stimme nach mir ruft: „Paß auf, daß du nicht auf die Kräuter trittst!" Sie dreht einen abgebrochenen Halm zwischen den Fingern und erklärt uns: „Seht mal, das ist die Hauswurz. Hauswurz schützt unser Haus vor den Blitzen!"

Aber auch viele andere Pflanzen aus Mutters Garten haben eine magische Bedeutung, das weiß ich. Letztes Jahr war Anna immer so schlecht eingeschlafen, weil sie nachts Angst vor bösen Geistern hatte. Da bekam sie Samen von der Pfingstrose ins Bett gelegt, und schon wurde es besser. Zur Sicherheit haben wir ihr noch tagsüber eine Kette aus den Samen umgehängt. Biboz (Beifuß) hätte ihr genausogut geholfen, denn „wer den Beifuß im Hause hat, dem kann der Teufel nichts anhaben", sagt man bei uns. Am 24. Juni bekommen wir alle, wie jedes Jahr, den Johannisgürtel aus Beifuß geflochten, zum Schutz vor Verzauberung, bösen Geistern und Unholden. Die Raute kann Zauber lösen. Als wir im Herbst einen furchtbaren Streit mit Walther bekamen, unserem Nachbarn auf der rechten Seite, hat Vater getrocknete Rauten vor der Tür vergraben, damit uns der Alte keine Krankheit anhexen konnte.

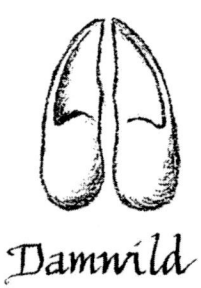

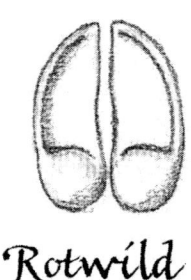

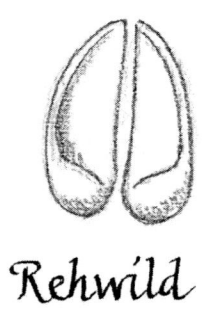

Damwild   *Rotwild*   *Rehwild*

Spurensuche und Blumenorakel

Fährtenlesen / Spurensuchen

Wenn die Jungen Tierspuren verfolgten, konnten sie sich schon wie die Großen fühlen, die verbotenerweise im Wald Fallen stellten.

Material: Fotokopie der Spurenbilder; Zollstock;
Alter: ab 5 Jahren

Die Fußspuren von Hirsch, Reh und Wildschwein nennt der Jäger Fährten. Die Fußabdrücke kleinerer Tiere wie Fuchs, Hase, Wiesel heißen Spuren. Die Fährten von Reh und Hirsch sind nur schwer voneinander zu unterscheiden. Wir haben sie detailliert abgebildet, damit sie auf der Erde, womöglich mit Hilfe eines Zollstocks, richtig erkannt werden können. An den Fährten läßt sich auch ablesen, ob das Tier ruhig gegangen ist oder gerade auf der Flucht war.

Fraßspuren bestimmen

Material: Pinzette, Stopfnadel, Holzstück, Papiertüte; Pappe oder Karton
Alter: ab 5 Jahren mit Hilfe

Wer Glück hat, der findet Fraßspuren, z. B. Gewölle, das sind die unverdaulichen Überreste des Fressens, das Vögel ausgewürgt haben. Ein solcher Fund wird in einer Papiertüte nach Hause transportiert und dort genau untersucht. Wir brauchen dazu eine feine Pinzette und eine Stopfnadel, deren Spitze in ein Stück Holz gesteckt wird, damit sie besser zu halten ist. Mit der Pinzette zupfen wir Haare,

Fuchs

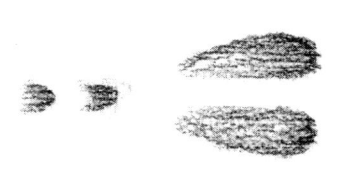

Hase

Wiesel

Katze

Eichhörnchen

Steinmarder

Waldmaus

Knöchelchen, Chitinpanzer oder auch Pflanzenreste und Steinchen aus dem Gewölle und legen sie auf ein Stück Karton. Dabei halten wir mit der Öse der Stopfnadel in der anderen Hand das Gewölle fest. Vier Beispiele für mögliche Bestandteile, die in Gewölle zu finden sind, wollen wir nennen:

Von der *Saatkrähe* stammt ein ca. 3 cm langes und 2 cm dickes Gewölle aus Pflanzenresten und kleinen Steinen. Es ist gelblich und locker. Die Saatkrähen besitzen einen Kropf, in dem sie die harten Samenkörner mithilfe der Steinchen zermahlen.

Das Gewölle der *Elster* ist zwar ähnlich groß, hat aber eine graue Farbe und besteht neben Pflanzenresten auch aus Resten von Federn, kleinen Knochen, vielleicht sogar Tierhaaren. Elstern fressen nämlich auch Eier, Insekten, Eidechsen, Schnecken, Heuschrecken und sogar kleine Nagetiere.

Das Gewölle von *Eulen* ist schwarzgrau, fest, fast kugelrund hat einen Durchmesser von 2,5 bis 3 cm. Die Nachttiere erbeuten vor allem Mäuse, und oft gelingt es, aus dem Gewölle die Knochen einer ganzen Maus herauszuziehen.

Bussarde haben zwar einen ähnlichen Speisezettel wie die Eulen, sie können aber Knochen in ihren Magensäften auflösen. Deshalb werden wir im Gewölle der Greifvögel selten Knochen, stattdessen nur Haare, kleine Federn, Chitin, Krallen finden.

Bei Nüssen läßt sich leicht erkennen, ob eine Maus an der Schale war – sie hinterläßt ein rundes Loch – oder ein Eichhörnchen – es hinterläßt leere Schalenhälften. Und was hinten rauskommt, wenn das Fressen verdaut ist, kann uns ebenfalls verraten, um welches Tier es sich handelt. Der Jäger nennt den Tierkot Losung. Als Beispiele zeigen wir die Losung von Hase, Reh, Eichhörnchen und Fuchs.

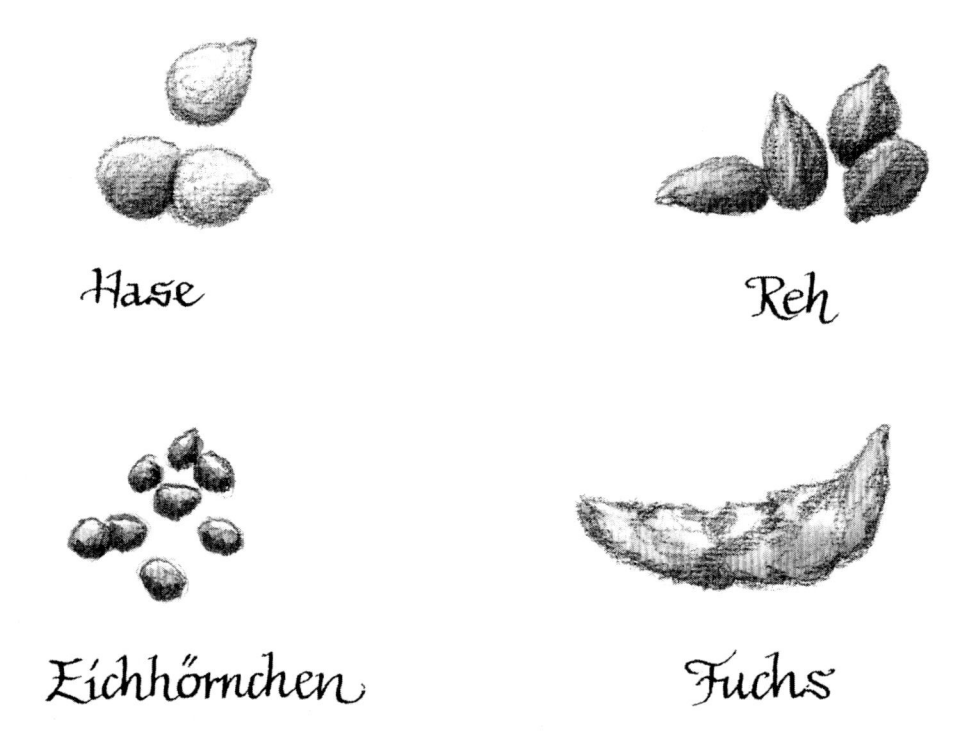

Hase

Reh

Eichhörnchen

Fuchs

Wassereimer-Wettlauf

Die Kinder des Dorfes mußten das Wasser vom Brunnen zum Haus transportieren. Dabei durften sie natürlich nicht rennen, um ja nichts von dem kostbaren Naß zu verschütten.

Material: Wassereimer, Tassen oder Schöpfkellen; Wasserstelle oder Wasservorrat in Kanistern; Litermaß; mindestens zwei Gruppen
Alter: ab 4 Jahren

Die Spieler stehen nebeneinander hinter einer Markierungslinie, jeweils ein oder zwei gefüllte Wassereimer neben sich. Auf ein Signal hin greifen die Kinder nach den Eimern und rennen los. Wer erreicht das verabredete Ziel zuerst? Der Sieger erhält 20 Punkte, der Zweite 15, der Dritte 10. Bewertet wird aber auch, wieviel Wasser noch im Eimer ist! Pro Viertelliter Wasserverlust gibt es 5 Punkte Abzug.
Jüngere Mitspieler können auch mit vollen Tassen oder gefüllten Schöpfkellen starten.

<u>Variante:</u> Es gibt eine Wassereimer-Staffette: Die Starter umrunden einen Baum oder ein anderes Mal und übergeben den Eimer an das nächste Kind aus ihrer Gruppe. Bewertet wird wie oben.

Hühnchen oder Hähnchen?

Material: blühende Gräser
Alter: ab 3 Jahren

Blühendes Gras wird von unten vom Halm mit Daumen und Zeigefinger abgestreift. Die Mitspieler müssen raten: „Hühnchen oder Hähnchen?" Steht ein Stück Rispe wie ein Hahnenschwanz nach oben, hat „Hähnchen" gewonnen.

Blumenorakel

Material: Blüten
Alter: ab 3 Jahren

Dieses Blumenorakel kann allein oder zu mehreren befragt werden. Ein Kind stellt eine Frage, die mit „ja" oder „nein" beantwortet werden kann. Zum Beispiel will Anna wissen: „Mag mich Christian gut leiden?" Nun zupft sie aus einer Blüte die Blütenblätter heraus. Das erste Blatt steht für „ja", das zweite für „nein" usw. Nach dem letzten Blatt kennt Anna die Antwort.

Bastfiguren und Alraune

Basteln mit Bast

Bast ist der Teil der Pflanze, der beim Wachstum nach außen hin neu gebildet wird und die Nährstoffe in die Höhe transportiert. Bastfasern von Flachs, Hanf und Ginster werden sogar zum Weben und Seiledrehen verwendet. Angefeuchtet ist vor allem die Lindenrinde geschmeidig und widerstandsfähig. Zum Basteln wird heute häufig Bast verwendet.

Material: Rinde von jungen Linden-, Haselnuß-, Fichtenzweigen oder von Birnenbaum, Buche oder Tanne; Schnitzmesser
Alter: ab 7 Jahren

Zunächst wird die Rinde von jungen Zweigen mit dem Schnitzmesser abgezogen, natürlich möglichst lang. Nachdem sie getrocknet ist, wird sie – falls sie breit genug ist – noch einmal der Länge nach mit dem Messer geteilt, um lange Fäden zu erhalten.
Aus Astgabeln und Aststücken mit vielen Verzweigungen lassen sich alle möglichen fantastischen Figuren herstellen. Der Bast verbindet dabei die kleinen Zweige oder verziert die Aststücke.

Alraune

Hauptursache von Krankheiten und Unglück ist die Bosheit von Kobolden und Elfenwesen. Heilmittel dagegen sind Kräuter, Wurzelstücke oder Körperteile von Tieren. Die Alraune (Mandragora) mit ihren (zauber)kräftigen Wurzeln einer Menschengestalt ähnlich, wurde z.B. gegen Augenkrankheiten, Wunden, Schlangenbisse, Ohrenschmerzen oder Haarausfall verwendet. Alraune setzt sich zusammen aus „Al" (Alb, Kobold) und „raun" (flüstern = raunen). Sie galt im Mittelalter als ein Wesen halb Mensch, halb Pflanze.

Material: Wurzeln; Bast
Alter: ab 5 Jahren

Wir suchen im Wald nach merkwürdig geformten Wurzeln, die mit Bast umwickelt zu menschenähnlichen Zauberwesen werden.

Kräuterspirale

*Thymian, Liebstöckel, Petersilie, Kresse, Salbei, Estragon, Kerbel, Basilikum, Dill, Bohnenkraut und Schnittlauch wachsen ab April im Freien. Alle Kräuter dienten im Mittelalter auch als Heilpflanzen. So war Liebstöckel gut gegen Husten, Salbei heilte allerlei Wunden, Thymian wurde gegen Lepra und Läuse eingesetzt, und die Petersilie sollte gegen Fieber helfen.
Unsere Kräuterspirale hat einige Bewohner, die es im Mittelalter in Deutschland noch nicht gab. Aber wer wollte heute schon auf Basilikum verzichten?!*

Material: viele Feldsteine; Erde; Schutt (aus zerbrochenen Natursteinen, möglichst kalkhaltig); Kompost; Sand; große Wasserschale; Kräutersamen; Spaten und Schaufeln; zwei angespitzte Stöcke; 1 m Bindfaden.
Alter: ab 5 Jahren

Mehr als ein Meter Platz im Radius ist nötig. Dafür stecken wir einen spitzen Stock in den vorgesehenen Mittelpunkt, befestigen einen 1 m langen Bindfaden daran und binden das Ende an einen zweiten Stock, mit dem die Grenze markiert wird. Auf dieser Fläche wird die Erde abgetragen, ungefähr so tief, wie man mit dem Spaten kommt. In der Mitte des Kreises wird der Schutthaufen einen halben Meter hoch aufgeschichtet. Drumherum verteilen wir immer im Wechsel 2 Schaufeln Erde und 1 Schaufel Kompost. Zur Spitze des Berges hin besteht die Mischung dann jeweils aus 1 Schaufel Erde und 1 Schaufel Sand. Nun können wir die Steine aufschichten, und zwar schneckenförmig um den Berg. Am Südhang wird eine große Wasserschale in die Erde gebettet und mit Steinen eingefaßt.

Im Frühjahr kann das Gelände bepflanzt werden, so wie auf der Zeichnung markiert:
Bereich 1: Thymian, Rosmarin, Salbei, Basilikum
Bereich 2: Estragon, Liebstöckel („Maggikraut"), Zitronenmelisse
Bereich 3: Bohnenkraut, Majoran
Bereich 4: Pfefferminze, Sauerampfer
Bereich 5: Petersilie, Schnittlauch, Kerbel

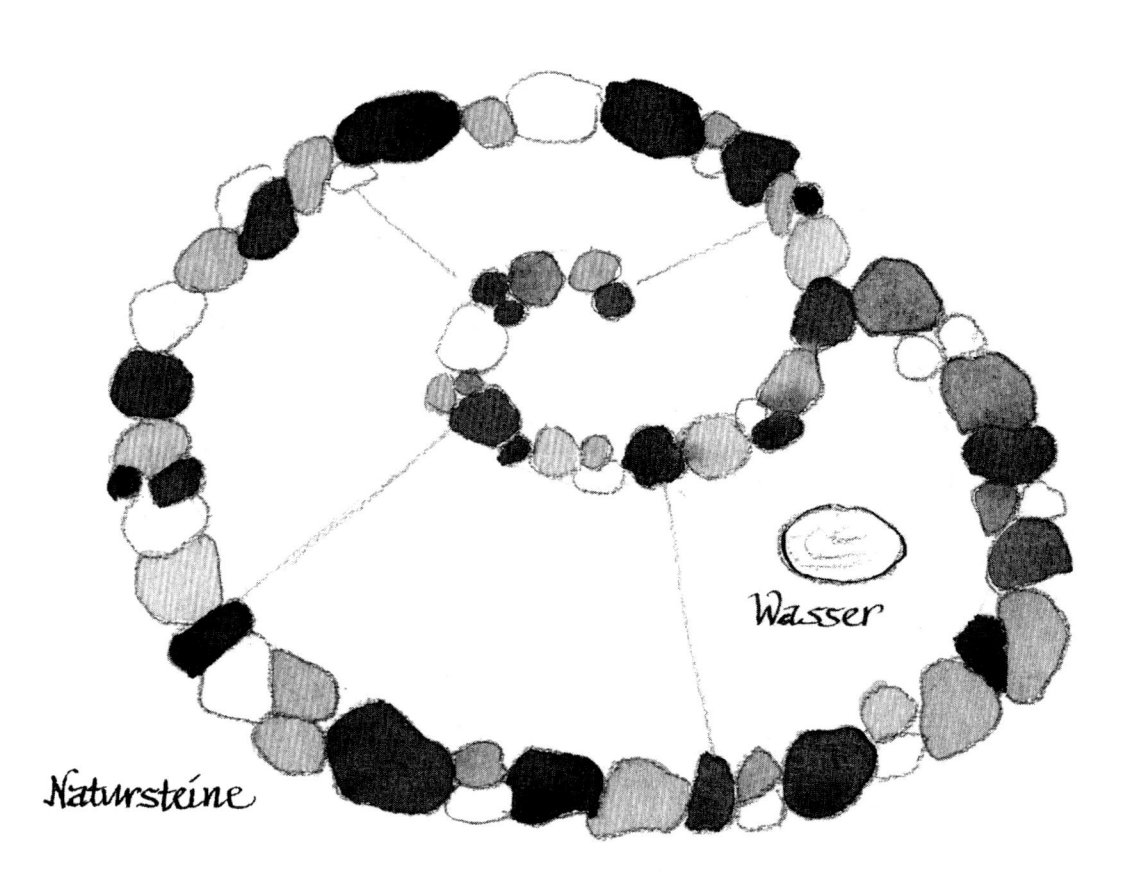

Kürbisgespenst

Material: Kürbis; Messer und Löffel; Kerze
Alter: ab 5 Jahren

Ein „Deckel" wird vom Kürbis abgeschnitten. So können wir das Fruchtfleisch mit Löffel und Messer herausschaben und zu Kompott oder einer leckeren Suppe verarbeiten. In die dicke Schale werden Löcher als Augen, Mund und Nase geschnitten. Abends wird der Kürbis über eine bennende Kerze gestellt.

Zierkürbisse, Kalebassen

Material: ein Tütchen mit Zierkürbissamen; Schnur oder Holzstäbe als Kletterhilfe; Blumentopf nach Bedarf; Messer; für die Rassel: Steinchen oder trockene Erbsen, Bast
Alter: ab 5 Jahren

Wir stecken die Samen Ende Mai in ein sonniges Beet oder in einen Blumentopf. Neben die Samen setzen wir jeweils einen Stab bzw. an der Hauswand wird ein Faden angebracht, an dem der Trieb emporklettern kann. Der Boden darf nicht austrocknen. Gelegentliches Düngen mit Flüssigdünger ist hilfreich. Die Kalebassen sind Nachtblüher. Da die Bienen nachts schlafen, müssen wir mit einem Pinsel selbst für die Befruchtung sorgen. Wir übertragen die Pollen einer männlichen auf eine weibliche Blüte (das sind diejenigen mit dem dicken Blütenende). Sind die Kürbisse ausgewachsen, entfernen wir sie in einem Stück vom Stiel bei warmem Wetter. und lassen sie austrocknen. Dann werden sie mit einem Tuch poliert und kommen als Zierde in einen Korb. Oder wir schneiden den Kürbis auf und können dann Buntstifte, Trockenblumen und anderes hineinstellen.

Wir können Kürbisse auch in eine Rassel verwandeln, indem wir den oberen Teil abschneiden und Kieselsteinchen oder trockene Erbsen einfüllen. Dann den Kürbis mit Bast dicht umwickeln.

Stockbrot und Kürbissuppe

Kürbiskompott

Zutaten: 750 g gereinigter Kürbis, 1/2 l vierprozentiger Essig, 1/2 l Wasser, 500 g Zucker, 2 ungespritzte Zitronen, Gewürznelken und Zimt nach Geschmack, Steintopf

Zubereitung: Vom Fruchtfleisch das weiche Innere auf den Kompost geben und die Kerne aufheben. (Sie werden getrocknet und geröstet und können dann zum Müsli oder einfach so gegessen werden.) Das restliche Kürbisfleisch in einen Steintopf geben, mit einer Mischung aus Essig, Zucker und Wasser aufgießen, die Mischung beschweren und zwei Tage ruhen lassen. Flüssigkeit abgießen und zum Kochen bringen, und dann darin die Kürbisstücke glasig kochen. Die Kürbisstücke werden in Gläser oder Schalen gefüllt, mit Zitronenstücken gemischt und kaltgestellt. Die Flüssigkeit einkochen, bis sie eine sirupartige Form annimmt und über den abgekühlten Kürbis schütten.

Kürbissuppe

Zutaten: 1 kg Kürbis, 3 El Öl oder Butter, 1 l Gemüsebrühe, Kräutersalz, Pfeffer, Muskatnuß, etwas süße Sahne, geröstete Brotwürfel

Zubereitung: Das Kürbisfleisch würfeln und ca. 10 Minuten in dem Fett dünsten. Mit der Gemüsebrühe auffüllen und mit den Gewürzen abschmecken. In Teller geben und geröstete Brotwürfel dazu reichen.

Apfel-Zwiebel Spieß

Zutaten: Äpfel und Zwiebeln, nach Wunsch Schweine- oder Hühnerfleich, Thymian und Bohnenkraut, Holzspieß

Zubereitung:
Äpfel in Scheiben schneiden, Zwiebeln schälen und halbieren und die auseinanderfallenden Zwiebelhäute abwechselnd mit den Apfelscheiben auf einen Spieß stecken. Wer will, gibt auch Fleischwürfel und Schinkenspeck dazu. Die Kräuter ersetzen den Pfeffer.

Bratapfel

Zutaten: Äpfel, Butter, Honig, Nüsse, gefettete Form, Apfelausstecher

Zubereitung: Das Kerngehäuse entfernen, ohne den Apfel zu zerschneiden. Das gelingt am besten mit einem Apfelausstecher. Butter und Nüsse in das Loch hineingeben und bei 100 °C 30 – 45 Minuten in der gefetteten Form im Ofen garen. Am Schluß mit Honig süßen.

Feuermachen

Schwefelhölzer waren im Mittelalter nicht bekannt. Funken wurden erzeugt, indem mit einem gebogenen Stück Stahl („Feuerstahl") gegen ein Stück Feuerstein geschlagen wurde – aus dieser Methode entwickelte sich später das Feuerzeug.

Material: Schaufel; Steine; dünne und dicke Äste; Streichhölzer oder Sturmfeuerzeug; Wasserkanister
Alter: ab 5 Jahren mit einem Erwachsenen

Falls das Feuer tatsächlich im Wald gemacht werden soll, wird eine geeignete Stelle gesucht (Förster informieren, da ein Feuer in Waldnähe genehmigt werden muß, außer es wird an speziell dafür vorgesehenen Grillplätzen entfacht!) und von allem brennbaren Material sorgfältig gesäubert. Mit der Schaufel heben wir eine flache Mulde aus, die eventuell noch zusätzlich mit Steinen umlegt wird. Andere haben in der Zwischenzeit Brennmaterial herangeschafft, das in der Mulde aufgeschichtet wird: Unten kleine trockene Äste und / oder trockene Rindenstücke, darüber dicker werdende Äste luftig stapeln, Buchenholz ergibt viel Glut. Wenn das Feuer entfacht ist, dauert es eine Weile, bis genügend Glut vorhanden ist.

Zum Abschluß wird Wasser über das Feuer gegossen, bis kein Rauch mehr aufsteigt, anschließend schaufeln wir Erde über die Feuerstelle.

Stockbrot

Albrecht und seine Freunde können das Stück Teig, das beim Brotbacken abgefallen ist, mit einem Stock über dem offenen Feuer backen. Unser Rezept ist verfeinert und vereinfacht mit Weizen, Butter, Milch und Backpulver

Zutaten: 400 g Weizenmehl, 1/2 Tl Salz, 50 g Butter, 150 ccm Milch, 1 Tütchen Backpulver

Zubereitung: Alle Zutaten mteinander verkneten. Aus dem Teig vier bis sechs Kugeln rollen, diese zu Schlangen formen und spiralförmig um nicht zu trockene Stöcke wickeln. Zwei Astgabeln links und rechts von der Feuerstelle in die Erde stecken, jeweils einen Stock einhängen und ständig drehen, damit nichts anbrennt. Wenn der Teig braun wird, ist das Brot auch schon fertig.

Wald und Feld

Vor Sonnenaufgang werden vier Erdklumpen
von vier Seiten des Ackers ausgegraben, der schlecht trägt.
Sie werden mit einer Mischung aus Weihwasser, Öl, Milch und Honig besprengt
und die Worte gesprochen: „Seid fuchtbar und mehret euch".
Die Erdklumpen werden in die Kirche getragen,
wo der Priester vier Messen lesen muß.
Vor Sonnenuntergang wird die Erde zurück aufs Feld gebracht.
Dort kann sie den Segen, den sie angesammelt hat,
an den Acker weitergeben.
(Anweisung für eine Magie bei schlechter Ernte)

Trotz der vielen Rodungen bedeckten im 11. Jahrhundert die Wälder noch den größten Teil Mitteleuropas. Dabei handelte es sich ausschließlich um Laubbäume: Eichen und Buchen vor allem, weiter östlich auch Birken und Ulmen. Nadelbäume, in Schottland und Skandinavien heimisch, wurden erst später in Mitteleuropa eingeführt.
Der Wald spielte im Leben der Bauern eine entscheidende Rolle. Noch waren die Dörfer mit ihren Gemüsegärten und Ländereien kleine Inseln im Meer der unendlichen Wälder, die für die Menschen eine zugleich angsteinflößende und fruchtbare Welt bedeuteten. Hier gab es Wölfe und Bären, im undurchdringlichen Dickicht konnten sich Menschen und Haustiere leicht verirren, in den riesigen Wäldern versteckten sich Räuberbanden, die nicht nur reisende Händler, sondern auch viele Dörfer überfielen. Kein Wunder, daß der Wald als Sitz von Dämonen, Kobolden und Hexen galt und Stoff für viele schauerliche Geschichten lieferte wie sie noch in Ansätzen in den Märchen zu finden sind.
In den Wäldern holten sich die Menschen aber auch Nahrungsmittel und Baumaterial. Die Bäume lieferten Stämme für die Häuser, Bretter für die Möbel, Stiele für die Arbeitsgeräte, Brennholz für die Feuerstelle, Rinde für die Körbe. Schweine und Gänse fanden hier Beeren, Blätter und, im Herbst, Eicheln und Bucheckern. Im Wald gab es Kräuter, Pilze und Beeren, Wildobst, Nüsse, Kastanien und Honig von Wildbienen. In den Wäldern stellten die Köhler Holzkohle her, den Brennstoff für die Essen der Schmiede und die Öfen der Töpfer.

Im Wald auf die Jagd zu gehen, war den Bauern streng verboten. Sie durften nicht einmal Bären oder Wölfe zu ihrem eigenen Schutz erlegen, denn das galt als Wilderei und wurde von den Grundherren unnachgiebig bestraft. Die Jagd auf Wild behielten sich die adeligen Herren als Privileg selbst vor. Hier konnten sie ihren Mut unter Beweis stellen und gleichzeitig für frisches Wildbret auf der ritterlichen Tafel sorgen. Wildschweine, Füchse und Hirsche wurden mit dem Spieß, Fasanen und Rebhühner mit Pfeil und Bogen erlegt. Kaninchen und Hasen wurden in Fallen gefangen.

Das Land wurde in Dreifelderwirtschaft bebaut – eine Methode, die sich im 11. Jahrhundert gerade erst durchzusetzen begann: Im ersten Jahr wurde Wintergetreide (Weizen oder Roggen) angebaut, im zweiten Sommergetreide (Gerste oder Hafer bzw. Bohnen, Linsen oder Erbsen), im dritten lag das Feld brach und diente als Viehweide, wodurch gleichzeitig der Boden durch den Dung wieder neue Nährstoffe erhielt.

Der Alltag der bäuerlichen Bevölkerung bestand aus Arbeit von frühmorgens bis spätabends. Viele hätten sich zwar auf ihren kleinen Anwesen ausreichend ernähren können. Aber sie mußten gleichzeitig ihre Herren mitversorgen. Eingezwängt in die Fron der Abgaben und die Launen der Witterung konnte die Familie froh sein, wenn ihr Vieh von Maul- und Klauenseuche und ihr Getreidefeld vom Hagel verschont blieb und der Grundherr seine Abgaben nicht erhöhte. Das deutsche Wort „arebeid" bedeutet ursprünglich „Mühe" oder „Plage". Historiker haben errechnet, daß einer Bauernfamilie damals im Schnitt nicht mehr als die Hälfte ihres Ertrages zum Eigenverbrauch blieb!

Die Arbeit der Bauernfamilie verlief im Rhythmus von Wetter und Jahreszeiten: Im März wurde das Feld für die Aussaat vorbereitet, dafür benutzten einige Bauern im 11. Jahrhundert erstmals eine revolutionäre Neuerung, den Räderpflug mit Streichbrett, der die Erde wendet und gleichzeitig zur Seite wirft; das an die Pflugschar geschmiedete Eisen gräbt tiefer und verschafft der Saat einen besseren Stoffwechsel. Der Pflug wurde von Ochsen gezogen, die mit dem neuen Stirnjoch ebenfalls eine wesentlich höhere Leistung bringen konnten. Das seit der Antike bekannte Spanngeschirr legte sich dem Tier um den Hals und schnitt ihm bei größerer Zugleistung häufig die Luft ab. Allerdings wurden alle diese großen technischen Errungenschaften vor allem auf den Gütern der Adeligen bzw. auf den Klostergütern eingesetzt; Die Bauern waren meistens zu arm, um sich eine solche Anschaffung leisten zu können, bzw. sie mußten den neuen Pflug oder auch die Pferde vom Grundherrn oder vom Kloster leihen und dafür wiederum Abgaben leisten.

Nachdem der Boden aufgebrochen war, wurde, meistens von den Frauen, im Frühjahr das Saatgut mit der Hand verteilt und der Boden so schnell wie möglich geeggt und eingeebnet, damit nicht die Vögel die kostbare Saat fressen konnten. Dabei machten sich die Kinder nützlich; mit ihren Schleudern schossen sie nach den Saatkrähen und vertrieben sie.

Im Juni fand die Heuernte statt („Heumond") und im Juli / August wurde das Getreide mit der Sichel geerntet. Die Bauern schnitten die Halme relativ hoch ab, um noch das Vieh auf die abgeernteten Felder treiben zu können. Anschließend wurde das Getreide zu Garben zusammengebunden und zum Trocknen aufgestellt. Mit dem Dreschflegel wurden die Körner aus der Ähre geschlagen. Im „Worfelkorb" wurde das Korn hochgeworfen und wieder aufgefangen, dabei blies der Wind die Spreu davon, während die Körner in den Korb zurückfielen. Dann kamen die Körner durch ein Sieb, um sie von der restlichen Spreu und von Dreck zu reinigen.

Arbeit für den Grundherren

Der Grund- oder Lehensherr war der eigentliche Machthaber des Mittelalters. Auf seinen Ländereien übte er das Bannrecht aus, das ist die Gerichtshoheit, und die Polizeigewalt. Er konnte Brücken- und Wegzoll erheben, schützte die Märke und ließ die Kaufleute Steuern zahlen. Die Menschen in seinem Herrschaftsbereich leben unter unterschiedlichen Bedingungen. Es gibt (wenige) freie Bauern, die allerdings gezwungen sind, Soldaten zu stellen oder auszurüsten. Die Frondienstpflichtigen haben vom Grundherren Land verliehen bekommen und müssen dafür Abgaben entrichten und auf den Feldern und dem Gut des Herren Frondienst leisten (von frô = Herr, heute noch erhalten im Wort Fronleichnahm und in Frau, mittelhochdeutsch frouwe). Die Hörigen waren sozusagen Leibeigene, die ihr Land nicht ohne Zustimmung verlassen durften. Hatten sie ohne Erlaubnis des Herren geheiratet, mußten sie Bußgeld zahlen, falls sie etwas erbten, wurde eine hohe Steuer, die „Tote Hand" erhoben. Kontrolliert und festgesetzt wurden die Abgaben vom Verwalter des Grundherren, dem Vogt.

Von der Getreideernte ebenso wie vom Heu verlangte der Grundherr einen Bruchteil, den Zins oder „Zehnten" für sich, z. B. jede fünfte, zehnte oder zwölfte Garbe. Außerdem mußten die Bauern auf den Feldern des Grundherren arbeiten, Zäune reparieren, den Burggraben säubern, Holz transportieren, „Zinshühner" liefern, einen Anteil vom geschlachteten Schwein abgeben oder von dem Tuch, das die Bauersfrau gewebt hatte. Um ihre Investitionen in technische Neuerungen bezahlen zu können, setzten geistliche und weltliche Herren laufend zusätzliche Abgaben fest: Die Landbevölkerung sollte z. B. ihr Getreide in den neuen Wassermühlen mahlen lassen. Wenn die Kundschaft nicht so zahlreich erschien, wie das nach den Berechnungen des Burgvogts zu erwarten gewesen wäre, erließ sein Herr einfach eine Verordnung, nach der der Besitz von Handmühlen bei Strafe verboten war – so geschehen in England im 12. Jahrhundert.

Das Geheimnis im Wald

Heute darf ich das erste Mal mit Heinrich und Hugo zum Schweinehüten in den Wald. Dazu mußte ich erst die Bewährungsprobe beim Ziegenhüten den Frühsommer über bestanden haben. Und das ist gar nicht so einfach. Ziegen fressen nämlich alles, nichts ist vor ihnen sicher – und wehe, sie springen in den Gemüsengarten vom Nachbarbauern oder in Mutters Kräuterbeete – im Nu ist ein großer Schaden angerichtet.

Wir treiben die Schweine von allen Bauern des Dorfes auf dem Platz zusammen. Unsere Gerten wandern über die Schweinerücken. Während die Schweine zwischen den Bäumen nach Bucheckern stöbern, bleibt für uns Zeit, ein wenig auszuruhen. Wir sitzen an dem ausgehöhlten Baumstamm, den man als Trommel benutzen kann. Und anschließend können wir bei unserem Versteck vorbeischauen.

Ein unheimlicher Fund

Ich will euch endlich in unser Geheimnis einweihen. Hugo und mein Bruder Heinrich haben im letzten Sommer angefangen, heimlich Fische zu fangen auf der anderen Seite des Sees. In diesem Jahr wissen außer mir nun auch Ursula, Irmengarth und Drutwien davon. Aber wir müssen sehr vorsichtig sein, die erwachsenen Dorfbewohner dürfen es auf gar keinen Fall wissen und ganz besonders nicht die Leute von der Burg! Es bleibt also nicht viel Zeit zum heimlichen Fischfang – nur Hugo kann manchmal beim Schweinehüten bei unserem Versteck vorbeischauen.

Aber da gibt es noch etwas anderes. Hugo und Heinrich haben eine unheimliche Entdeckung in diesem Frühjahr gemacht, als der Schnee getaut war und sie am anderen Ufer des Sees nach unterirdischen Röhren eines Dachsbaus suchten. Sie haben uns von ihrer Entdeckung erzählt, aber nicht den Eltern. Mich macht es natürlich stolz, daß ich von den Großen eingeweiht wurde, aber gleichzeitig läßt mich der Fund seitdem nicht mehr los, und ich träume nachts davon. Unter einem Gebüsch, nicht weit vom Weg, lagen ein rostiger Kessel, ein Messer mit einem Griff aus Geweihknochen und einige schmutzige Fellreste.

Es muß ein alter Lagerplatz gewesen sein, der längst von Knöterich und Bärlapp zugewuchert war. Vorsichtig haben wir seitdem noch andere Gegenstände ausgegraben: einen Lederbecher, Spielsteine aus Knochen, zwei fremde Münzen und ein Amulett mit einem merkwürdigen Tierknopf darauf. So oft wie möglich hocken wir unter den Büschen und malen uns aus, wie Räuber aus fernen Landen hier ihr Feuer hatten und plötzlich aufgeschreckt ihr Lager verlassen mußten. Hat der alte Eberhardt nicht von schrecklichen Heiden aus dem hohen Norden erzählt, die mordend und brandschatzend mit ihren Schiffen die Flüsse hochfuhren, um Beute zu machen?

Die Münzen und das Amulett haben wir in einem hohlen Baumstamm versteckt. Mit den glatten Spielsteinen haben wir uns ein Spiel ausgedacht, bei dem wir die Steine übereinandertürmen und mit der Steinschleuder umschießen. Eigentlich ist uns das Spielen mit Spielsteinen verboten, selbst die Erwachsenen dürfen es nur zu Jahrmarktszeiten. Aber wir machen es ja heimlich.

Begegnung mit Conrad

Hugo, Heinrich und ich kauern an unserem Platz, als wir plötzlich Pferdegetrappel hören. Immer häufiger scheinen die Leute von der Burg durch die Gegend zu streifen, wenn das nur nichts Böses bedeutet!

Ein Ritter galoppiert vorbei, einen Augenblick später folgt ein junger Reiter, den wir schon vor ein paar Tagen in der Nähe beobachtet haben. Plötzlich, an der schmalen Stelle zum Sumpf hin, hebt das Pferd die Vorderhufen, steigt in die Höhe und – der Junge fällt zur Seite weg und stürzt hinunter in das moorige Gelände. Der Junge ruft nach dem anderen Reiter.

„Wir müssen ihm helfen!" Ich will schon unsere Deckung aufgeben, als Heinrich mich zurückhält und flüstert: „Wenn sie uns hier entdecken, wird die Strafe hoch. Der Ritter wird gleich nach dem Jungen sehen." „Aber wenn es zu spät ist?" Das sieht Hugo ein. Er klettert aus dem Versteck, huscht durchs Gestrüpp, und wir folgen ihm zum Rand des Moors. Bis zu den Knien ist der Junge schon im Wasser, und jede Bewegung läßt ihn tiefer sinken! Hugo und mein Bruder strecken ihm einen langen Ast entgegen und rufen: „Halte dich fest!" Mit beiden Händen greift der Junge nach den Stock und langsam ziehen wir.

Da kommt der Ritter zurück. Er ist nur leicht bekleidet mit Kettenhemd, Umhang und Lederkappe. Er springt vom Pferd, nimmt den langen Ast und zieht den Jungen mit Hugos und Heinrichs Hilfe nun ganz heraus aus dem Sumpfloch. „Au, au, meine Schulter!" jammert der Junge.

„Seid ihr vom Dorf auf der anderen Seite des Sees? Was macht ihr hier? Wollt ihr etwa wildern?" „Nein, nein!" beschwört mein Bruder Heinrich und Hugo beeilt sich zu versichern, daß wir nach einem entlaufenen Schwein suchen sollen. Der Ritter gibt sich mit unserer Erklärung zufrieden. „Ich bin Ritter Lothar, dem Ritter Rübesam zu treuen Diensten. Helft mir, den Pagen Conrad ins Dorf zu bringen, er kann wohl nicht mehr reiten bis auf die Burg."

Wir kommen nur langsam voran. Bei jedem Schritt stöhnt Conrad leise auf. Hugo darf das Pferd des Ritters, Heinrich das Pferd von Page Conrad führen. Ich merke den beiden an, daß sie ganz schön aufgeregt, aber auch ziemlich stolz sind.

Als wir uns dem Dorf nähern, herrscht große Unruhe. Alle kommen herbeigelaufen, verbeugen sich und wollen helfen.

Aber Ritter Lothar bestimmt, daß der einzige Wagen, den wir im Dorf haben, weich gepolstert und der stärkste Ochse eingespannt werden soll, damit der Verletzte zurück zur Burg gebracht werden könne. Zum Glück fällt kein Wort mehr über unsere Anwesenheit auf der anderen Seite des Sees.

Nachdem der Page Conrad auf dem Wagen weich gebettet ist, entscheidet Ritter Lothar, daß Vater das Fuhrwerk fahren soll. „Die Kinder können mitfahren auf die Burg, sie haben gut und schnell geholfen." Natürlich freuen wir uns sehr. Ritter Lothar bindet das Pferd des Pagen hinten an den Wagen und reitet dann neben dem Wagen her. Auf der ganzen Fahrt die Felder entlang wird kein Wort gesprochen. Warum Vater so ein grimmiges Gesicht macht, weiß ich genau. Er hat genug zu tun mit der Frühjahrsaussaat, und gerade heute ist das Wetter günstig. Nun wird er einen ganzen Tag verlieren, bis wir wieder zurückgekehrt sind. Ich bin ebenfalls ganz stumm, aber vor Aufregung, weil ich zum erstenmal in meinem Leben die Burg sehen werde. Nur Conrad stöhnt bei jeder Baumwurzel und jedem Schlagloch, über das der Ochsenkarren rumpelt, leise auf – und davon gibt es wahrlich genug auf dem Weg zur Burg.

Kräutersalat und Blümchensuppe

Wildkräuter sammeln

Wildkräuter wurden nicht nur für Heilzwecke gesammelt, sie verfeinerten auch die Speisen oder gaben eine leckere Suppe ab.

Material: Papiertaschen; evtl. Bestimmungsbuch
Alter: ab 5 Jahren mit Begleitung

Heute müssen wir beim Sammeln folgendes beachten: Die Pflanzen sollten nicht in der Nähe von überdüngten Feldern oder am Rand von verkehrsreichen Straßen stehen. Wir sammeln außerdem nur Pflanzen, die wir genau kennen, von denen wir also wissen, daß sie weder unter Naturschutz stehen noch giftig sind.

Wildkräutersalat

Zutaten: 250 g junge Wildkräuter; für die Sauce: Salz, Pfeffer, 1Tl Senf, 1 Tl Weinessig und 3 Tl Leinöl

Zubereitung: Die Wildkräuter werden frisch gepflückt. Dazu gehören Löwenzahn, Gänseblümchenblüten und -blätter, Brennesseln, Spitzwegerich, Schafgarbe, Sauerampfer, Wiesenknopf und Hirtentäschel. Die Kräuter waschen und kleinschneiden. Sie können auch mit Resten von grünem Salat, in Scheiben geschnittenen Radieschen und kleingeschnittenem Schnittlauch vermischt werden. Zutaten für die Sauce verrühren und über den Salat geben.

Vollkornbrot mit Kräutern

Zutaten: 250 g Butter, 1 Schüssel Brunnenkresse oder je zwei Hände voll Löwenzahnblätter, Brennesselblätter, Sauerampfer und Brunnenkresse

Zubereitung: Kleingehackt auf Butterbrot ist die Brunnenkresse mit ihrem kräftigen, pfeffrigen Geschmack eine köstliche Zwischenmahlzeit.

<u>Variante:</u> Wir können auch Vollkornbrot mit Wildkräuterbutter bestreichen: frische Wildkräuterblätter, z. B. Löwenzahn, Brennessel, Brunnenkresse, Sauerampfer hacken und mit schaumig geschlagener Butter vermengen, kaltwerden lassen.

Löwenzahnsalat

Zutaten: 400 g junge Löwenzahnblätter, 8 Teile Öl, 3 Teil Essig nach Geschmack, 250 g durchwachsener Speck, 5 Scheiben Weizenvollkornbrot, 3 Knoblauchzehen, etwas Butter, Kräutersalz, frisch gemahlener Pfeffer.

Zubereitung: Löwenzahn gründlich waschen und in Streifen schneiden, beiseite stellen. Speck würfeln und knusprig braten. Aus der Pfanne nehmen und das gewürfelte Brot mit der Butter kross braten, die zerkleinerte Knoblauchzehe noch kurz mitbraten. Salatsoße über den Löwenzahn gießen und die Blätter vorsichtig darin wenden. Speck und Brotbröckchen mit dem Löwenzahn gut vermischen und gleich essen.

1. Variante: Wir können auch statt Speck 300 g alten Goudakäse in den Salat geben und entsprechend etwas mehr Butter zum Brotrösten nehmen.

2. Variante: Die Löwenzahnblätter werden einfach mit Dickmilch übergossen und mit etwas Salz und Pfeffer abgeschmeckt

Löwenzahngemüse

Zutaten: 2 1/2 kg junge Löwenzahnblätter, 2 l Gemüsebrühe, 75 g Vollkornmehl, 75 g Butter, 3/8 l saure Sahne

Zubereitung: Gehackte Blätter in Gemüsebrühe dünsten. Mit einer Mehlschwitze (in zerlassener Butter das Mehl hellbraun rösten, mit Gemüsebrühe auffüllen und unter ständigem Rühren solange köcheln, bis eine glatte Soße entsteht) binden. Zum Schluß mit saurer Sahne verfeinern.

Brennesselsuppe

Zutaten: 2 1/2 kg junge Brennesseln, 2 l Gemüsebrühe, 120 g Butter, 10 mittelgroße Kartoffeln, Kräutersalz nach Geschmack, 3/8 l saure Sahne

Zubereitung: Blätter lösen (Haushaltshandschuhe!) und sorgfältig waschen. In der Brühe mit kleingeschnittenen Kartoffeln zusammen weichkochen, mit dem Schaumlöffel herausnehmen, grob hacken und wieder in die Brühe geben. Mit Kräutersalz abschmecken und mit der Sahne verfeinern.

Variante: Wir können die Suppe auch mit je 1250 g Brennessel- und 1250 g Sauerampferblättern machen; dann wird zusätzlich mit Muskat gewürzt.

Gänseblümchensuppe

Zutaten: 1 l Wasser, ca. 200 g Gänseblümchenblüten und -blätter, 100 g getrocknete Pilze, Kümmel, Salz, Pfeffer, nach Wunsch 1 große Zwiebel

Zubereitung: Geschnittene Pilze und Kümmel in der Flüssigkeit kochen. Gänseblümchen waschen, putzen und kleinschneiden. Kurz mitkochen und mit Salz und Pfeffer abschmecken. Auf Wunsch mit gebratenen Zwiebelwürfeln bestreuen.

Wir können die Gänseblümchenblüten auch einfach auf eine Butterstulle legen.

Brennesselspinat

Zutaten: 2 1/2 kg Brennesseln, etwas Wasser 6 Knoblauchzehen, 3/8 l saure Sahne oder Butter, Kräutersalz, weißer gemahlener Pfeffer, Muskat nach Geschmack.

Zubereitung: Die Knoblauchzehen kurz anbraten, etwas Wasser angießen, die Blätter darin dünsten, bis sie zusammenfallen, Sahne (oder Butter) dazugeben und mit Salz, weißem Pfeffer und Muskat abschmecken.

Waldmeistergetränk

Zutaten: Milch, Honig, Waldmeister

Zubereitung: Flüssigen Honig in der Milch verühren und Waldmeisterblätter mindestens 5 Stunden darin ziehen lassen. Vor dem Trinken durchsieben.

Steinstoßen und Reifenspringen

Klettern

Die Kinder im Mittelalter kletterten auf die höchsten Äste, um Nester von Krähen und Elstern auszuplündern. Das war nicht nur ein großer Wettkampf, wer am schnellsten hinaufsteigen und die meisten Eier finden konnte. Die Eier auszuschlürfen, bedeutete auch eine willkommene Abwechslung auf dem kargen Speisezettel.

Material: -
Alter: ab 5 Jahren

Wer kann an einem glatten Baumstamm emporklettern? Für Stadtkinder ersetzt das Stangenklettern in der Turnhalle den Baum.

Treller

Material:
dicke Holzscheibe; Säge; pro Teilnehmerin mindestens 5 gerade Äste als Wurfpfeile
Alter: ab 7 Jahren

Von einem starken Ast eine ca. 5 cm dicke Scheibe absägen. Ein Spieler rollt diese Scheibe auf ein vorher markiertes Ziel hin; der Boden muß dazu möglichst eben sein. Ein Mitglied der gegnerischen Mannschaft läuft parallel zur rollenden Scheibe und versucht, diese mit seinen Astpfeilen zu treffen. Die Entfernung, die seitlich zur Scheibe eingehalten werden muß, wurde vorher verabredet. Für die Einhaltung der Regeln ist eine Schiedsrichterin sinnvoll. Nach dem ersten Treffer werden die Rollen getauscht. Wessen Scheibe rollt am weitesten, ohne von einem Pfeil getroffen zu werden?

Bäumewerfen

Material: Markiertes Gelände, das aus Sicherheitsgründen nicht betreten werden darf; verschieden starke Astteile (3 Wurfgrößen sollten zur Verfügung stehen); Steine und Stock als Richtmaß
Alter: ab 5 Jahren

Als mittelalterliches Maß werden an den Rand der Wurfstrecke Steine im Abstand von einem Schritt oder einer Schwertlänge verlegt – als Schwertmaß dient bei uns ein Stock. Die Kinder stellen sich hinter einer Markierungslinie an. Wer an der Reihe ist, versucht seinen Ast möglichst weit zu werfen.

Steinstoßen

Material: rundliche, schwere Steine; abgesperrtes Gebiet
Alter: ab 5 Jahren

Wie beim Bäumewerfen stehen die Kinder in einer Reihe. Wer dran ist, stößt den Stein möglichst weit von sich weg.

Bäumchen wechsel dich

In der Ständegesellschaft des Mittelalters hatte jeder von Geburt an seinen Platz. Dieses Spiel mag die Sehnsucht ausdrücken, diese festgelegte Ordnung auch verändern zu können.

Material: -
Alter: ab 5 Jahren

Jedes Kind steht an seinem Standplatz (Baum oder Mal auf der Erde). Der Fänger steht in der Mitte und möchte einen der Standplätze erobern. Er ruft „Bäumchen wechsel dich". Schon müssen die Kinder ihre Plätze vertauschen, und der Fänger kann versuchen, jemanden zu fangen oder selbst einen Platz zu erwischen. Wer keinen neuen Platz besetzen konnte oder gefangen wird, wird zum neuen Fänger.

Reifenschlagen

Material: Gymnastikreifen aus Holz oder Kunststoff; Stock
Alter: ab 7 Jahren

Das Kind muß versuchen, den Reifen eine abgesteckte Strecke mit dem Stock vorwärtszutreiben, indem es ihn geschickt in Laufrichtung schlägt. Einige Übungsläufe sind wahrscheinlich nötig, damit der Reifen nicht umfällt. Wer den Bogen raushat, kann im Wettkampf die weiteste Strecke, einen Slalomkurs oder die Überwindung von Hindernissen probieren.

Reifenspringen

Material: lange Zweige aus Weide; Faden; ersatzweise Gymnastikreifen aus Holz oder Kunststoff
Alter: ab 5 Jahren

Weidenzweige werden so ineinander verflochten, daß ein Reifen mit einem Durchmesser von 80 – 100 cm entsteht. Um Weidenzweige entsprechend biegen zu können, müssen sie zuvor einige Stunden gewässert werden. Ersatzweise nehmen wir „Hoola-hoop"- oder Gymnastikreifen. Auf einer Wiese oder in einer mit Matten ausgelegten Turnhalle bringt ein Kind einen möglichst großen Reifen zum Rollen, ein anderes Kind springt hindurch.

Steinschleuder

Die Bauern durften weder Wild noch Vögel jagen. Um so größer war ihre Freude, wenn sie die Vögel bei der heimlichen Jagd mit der Schleuder trafen, oder Vögel sich im vom Bauern gespannten, pechverschmierten Netz verfingen und kleben blieben. Von dieser Fangmethode stammt der Begriff „Pechvogel".

Material: Astgabel von handhabbarer Größe; elastisches Band; Kieselsteine oder Trockenerbsen
Alter: ab 9 Jahren

Für eine Steinschleuder wird eine Astgabel benötigt, die sich y-förmig teilt. Dazwischen befestigen wir eine elastische Sehne. Heute nehmen wir z. B. ein „Weck"-Gummi, früher wurden die beiden freien Astteile mit Tierdarm verbunden. Als „Munition" dienen möglichst runde Kieselsteine oder Trockenerbsen.

Vorsicht! Nie auf Lebewesen zielen oder gar schießen. Grundsätzlich mit Aufsichtsperson spielen.

Steinturmangriff

Material: Steinschleuder mit Munition; 6 große, möglichst flache Steine; ca. viermal so viele kleinere Steine
Alter: ab 9 Jahren

Die großen Steine werden in einer Reihe ausgelegt. Auf jedem der Steine werden mehrere kleinere Steine aufgetürmt. Jeder Steinturm hat seinen Burgherren und umfaßt vier bis fünf Etagen. Aus 3 Metern Entfernung soll nun mit der Steinschleuder versucht werden, einen gegnerischen Turm zu treffen, wobei jeder heruntergefallene Stein einen Punkt bringt. Beim ersten Fehlschuß darf die gegnerische Gruppe weitermachen.

Holzfaß

Im Altertum wurden Lebensmittel und Wein in Tongefäßen oder in Schläuchen aus Tierbälgen aufbewahrt. Holzfässer hat der römische Geschichtsschreiber Plinius erstmals bei den gallischen Kelten erwähnt. Die Fässer wurden im Mittelalter von Böttchern oder Küfern hergestellt, ein Handwerksberuf, der nach dem 2. Weltkrieg endgültig ausgestorben ist. Die Holzdauben werden dabei mit Holz-, später mit Eisenreifen „gebunden", deshalb hießen diese Handwerker auch Faßbinder.

Material: Holz- bzw. Kunststoffaß
Alter: ab 5 Jahren

Wir haben in Berlin tatsächlich noch eine Sauerkrautfirma gefunden, die uns ein Faß gegen Pfand ausgeliehen hätte. Normalerweise tut es auch ein Gurken- oder anderes Vorratsfaß aus Kunsttstoff, wie es häufig auch von Kleingärtnern als Regentonne verwendet wird. Kleinere Kinder setzen sich in das Faß hinein und rollen damit. Das Faß kann auch in verschiedene Richtungen gedreht werden. Größere Kinder legen sich auf das Faß und benutzen es als Schaukel.

Kegel

Das Kegelspiel wurde wahrscheinlich von den Germanen erfunden, nachgewiesen st es bereits in mittelhochdeutschen Gedichten aus dem 13. Jahrhundert. Beim Kegeln wurde wie beim Würfeln teilweise um hohe Summen gespielt, deshalb unterlag es immer wieder Verboten. So untersagte z.B. Karl V. von Frankreich 1370 in seinem gesamten Reich das Kegelspiel.

Material: starker Ast, ersatzweise Kantholz 8 x 8 cm; Säge; Raspel; runder oder mit Filz umhüllter Stein
Alter: ab 5 Jahren

Wir suchen einen starken, möglichst gleichmäßig gewachsenen Ast, der in neun gleiche ca. 30 cm hohe Teile zersägt wird. Jede Kegelfigur soll ca. 30 cm hoch werden. Kopf und Körper werden unterteilt durch eine Einkerbung, die mit der Raspel gut gelingt. Auf einer ebenen Strecke werden die Kegelfiguren in einiger Entfernung aufgestellt und müssen mit der Steinkugel umgestoßen werden.

Bogen und geknüpfte Netze

Holunderbeerflöte

Wenn die Herde ruhig graste, konnten die Hütemädchen und -jungen Wildkräuter sammeln oder einfache Flöten schnitzen, z. B. aus Holunder oder Knöterich. Damit folgten sie einer uralten Tradition: bereits die Hirten in der Antike spielten auf der Flöte – ihr Gott war Pan, der auf der Panflöte musizierte.

Material: dicker Draht; spitzes Messer; Handbohrer; Holunderzweig von ca. 30 cm Länge; Zollstock
Alter: ab 8 Jahren

Der Holunderzweig wird ausgehöhlt, indem wir ihn mit dem Draht durchbohren; mehrmals nachbohren und sorgfältig stochern, damit keine Reste vom Holundermark in der Luftröhre bleiben. Am oberen Ende wird das Holz ca. 1 cm im Quadrat ausgeschnitten und der Übergang zum Flötenhals eingekerbt und etwas abgeflacht, damit der Luftstrom beim Blasen besser gelenkt werden kann. Dann werden 6 Löcher in gleichem Abstand und gleichgroß mit dem Handbohrer gebohrt und mit dem Messer auf ca. 1 cm Durchmesser erweitert. Wer Spaß am Flötenschnitzen bekommt, kann es auch mit einer „Querflöte" versuchen:

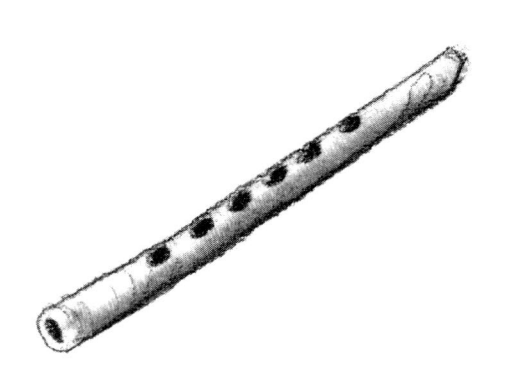

Variante: Für die Querflöte brauchen wir zusätzlich einen Korken. . Den Holunderzweig wie beschrieben aushöhlen, ein Mundloch zum Anblasen bohren und die Flöte oben mit dem Korken verschließen, der vorher mit dem Messer auf die richtige Größe geschnitten wird.

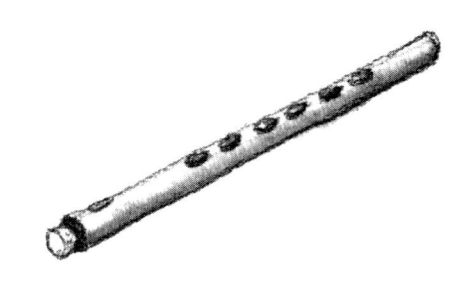

Pfeil und Bogen

Die Bögen im Mittelalter wurden meistens aus Eschenholz gefertigt und mit einer Sehne aus Schafdarm gespannt. Die Edelleute benutzten sie ausschließlich zur Jagd.

Material: hartes biegsames Holz (Haselnußstrauch oder Weide); Messer; Federn Schnur
Alter: ab 7 Jahren

Für den Bogen und die Pfeile benötigen wir hartes biegsames Holz. Gerade gewachsene Äste mit wenigen Knospenansätzen vom Haselnußstrauch oder von der Weide werden auf ca. 1 – 1,5 m abgeschnitten, eventuell (je nach Größe des Schützen) gekürzt und an den Enden eingekerbt. Der Ast wird für einige Stunden gewässert, um noch biegsamer zu werden. Die Pfeile sollen ungefähr 60 cm lang sein. Sie werden sehr glatt und spitz geschnitzt. Wenn vorhanden, können Federn in eine Einkerbung am Ende des Pfeiles geklemmt werden; damit verbessern sich die Flugeigenschaften.

Als Sehne wird eine Schnur benutzt. Sie soll 15 cm kürzer sein als der Bogen. In jedes Schnurende knoten wir eine Schlaufe und ziehen sie in die Kerben des Bogenstabes ein. Wenn die Sehne gespannt ist, hat sich der Bogen gerundet. Der Griffbereich des Bogens wird mit Schnur oder Bast umwickelt.

Vorsicht! Nie auf Lebewesen zielen oder gar schießen. Grundsätzlich mit Aufsichtspeson spielen.

Baumhaus

Material: unterschiedlich lange und dicke Holzlatten; Äste; große Blätter und Moosstücke; Säge; Hammer; Zange, Nägel; Kartoffelsäcke und Teppichreste
Alter: ab 5 Jahren

Als „Fundament" für ein Baumhaus dient ein alter Laubbaum mit kräftigem Stamm und einer möglichst dreiteiligen Gabelung aus starken Ästen. Wir nageln zunächst drei breitere Holzlatten als Grundkonstruktion an die Äste und befestigen dann kürzere Latten wie auf der Zeichnung zu sehen. Auf einer Seite wird ein Einstiegsloch ausgespart. Darauf achten, daß kein Nagel aus dem Holz schaut! Der Boden kann noch mit Teppichresten gepolstert werden.

Für die Dachkonstruktion brauchen wir mindestens 1,5 m lange Äste die an den Boden und den Stamm genagelt werden. Abgedichtet wird das Dach mit Kartoffelsäcken, auf die wir zur Tarnung große Blätter und Moos legen.

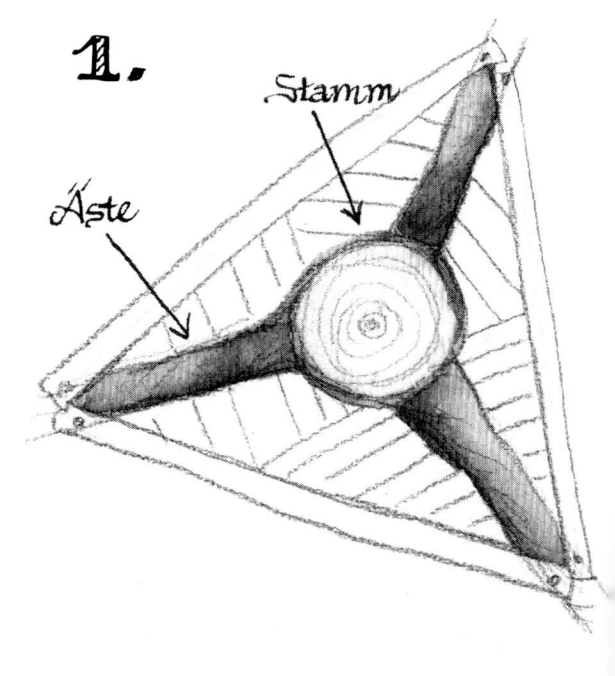

Angelschnur und Peitsche

Die Ochsen wurden beim Pflügen oder wenn sie einen Wagen ziehen mußten, häufig mit der Peitsche angetrieben. Die Peitschenschnur bestand aus Leder.

Material: Stock; Schnur; Haken
Alter: ab 5 Jahren

Die Schnur wird an einem geraden Stock verknotet. Wer geschickt ist, kann damit richtig knallen.
Ein Haken am unteren Ende macht die Peitsche zur Angelschnur.

Netze knoten (Netzbeutel)

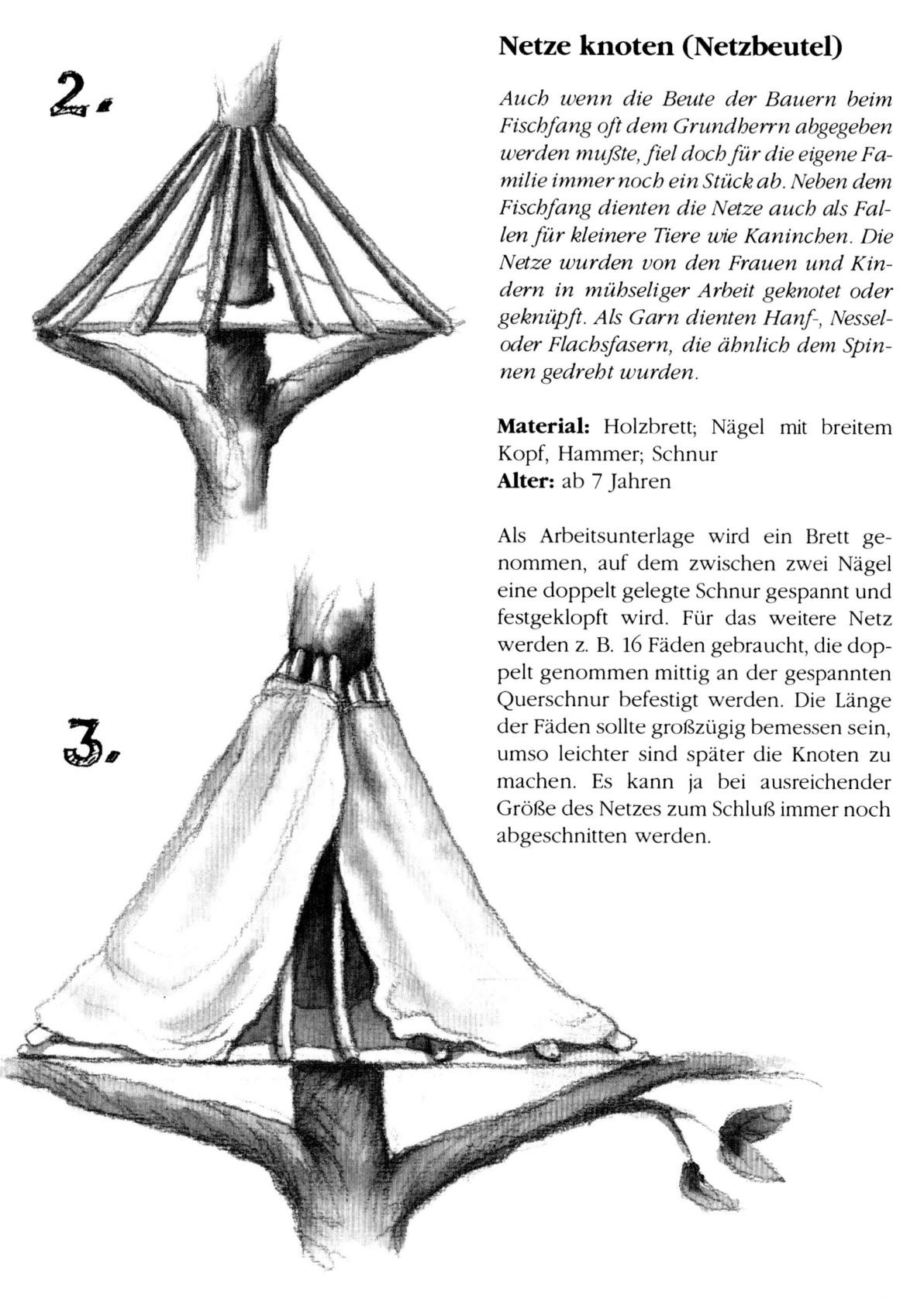

Auch wenn die Beute der Bauern beim Fischfang oft dem Grundherrn abgegeben werden mußte, fiel doch für die eigene Familie immer noch ein Stück ab. Neben dem Fischfang dienten die Netze auch als Fallen für kleinere Tiere wie Kaninchen. Die Netze wurden von den Frauen und Kindern in mühseliger Arbeit geknotet oder geknüpft. Als Garn dienten Hanf-, Nessel- oder Flachsfasern, die ähnlich dem Spinnen gedreht wurden.

Material: Holzbrett; Nägel mit breitem Kopf, Hammer; Schnur
Alter: ab 7 Jahren

Als Arbeitsunterlage wird ein Brett genommen, auf dem zwischen zwei Nägel eine doppelt gelegte Schnur gespannt und festgeklopft wird. Für das weitere Netz werden z. B. 16 Fäden gebraucht, die doppelt genommen mittig an der gespannten Querschnur befestigt werden. Die Länge der Fäden sollte großzügig bemessen sein, umso leichter sind später die Knoten zu machen. Es kann ja bei ausreichender Größe des Netzes zum Schluß immer noch abgeschnitten werden.

Soll das Netz sehr gleichmäßig sein, werden Nägel im Abstand einer halben Maschenbreite nebeneinander unter die Querschnur eingeschlagen und darunter wieder versetzt in der Mitte zur darüberliegenden Reihe.

Mit einem Überhandknoten werden jeweils die nebeneinanderliegenden Schnurenden um die Nägel (oder ohne Nägel einfach) geknotet. Je enger die Knoten werden, desto kleinere Dinge können darin aufbewahrt oder damit gefangen werden. Ausgespart bleiben die äußeren Enden.

Ist die ganze oder gekürzte Länge der Fäden entsprechend verknotet (z.B. 4 ganze Maschen), so können die Nägel aus den Knoten gezogen und die Schnüre der Seiten miteinander verknotet werden, so daß sich ein Netzschlauch bildet. Die unteren Maschen können nun durch eine zweite Querschnur zusammengezogen werden und ergeben ein Netz. Die erste Querschnur kann oben als Verschluß dienen, wenn aus der Bucht durch einen Knoten ein „Auge" entsteht und die beiden durch einen weiteren Knoten gesicherten Enden hindurchgeführt werden. Eine laufende Schlinge ist das Ergebnis.

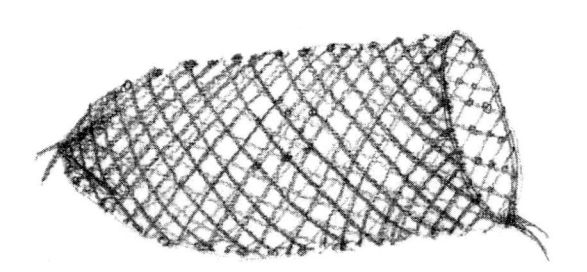

Netznadel schnitzen

Mit der Netznadel braucht man nicht den langen Faden immer durch jeden Knoten zu ziehen, sondern kann ihn mit einer bestimmten Technik aufgewickelt durchstecken. Das vereinfacht die Arbeit sehr. Früher wurden Holz oder Knochen für die Netznadeln benutzt.

Material: Schnitzmesser; Holzstück (kurzfasrig und glatt, z. B. Erle, Pappel, Linde); Bohrer oder Laubsäge
Alter: ab 7 Jahren

Die Größe des Holzstückes richtet sich nach der Größe der Netzmaschen, die man erhalten will. Sie können z. B. zwischen 15 und 30 cm lang sein, 3 cm breit und 1 cm stark.

Zunächst werden die Aussparungen ausgeschnitzt. Hierzu können wir auch einen Bohrer und eine Laubsäge zu Hilfe nehmen. Danach kommt der Umriß an die Reihe. Wichtig ist, daß die Netznadel schön glatt ist, damit sich dann der Faden leicht auf- und wieder abwickeln läßt.

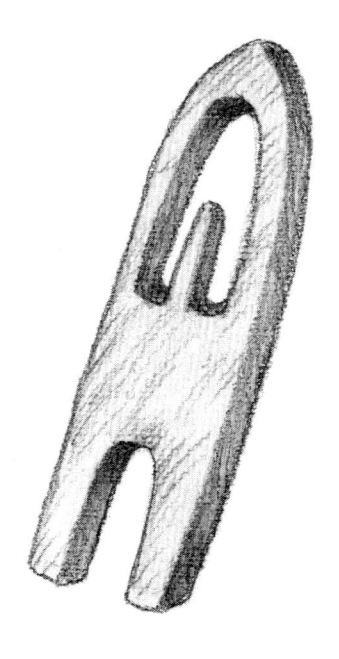

Netze knüpfen

Material: bestückte Netznadel; lange dünne Schnur; Seil von etwa 1 cm Durchmesser
Alter: ab 9 Jahren

Zunächst die Netznadel wie in der Zeichnung gezeigt „bestücken". Mit ein bißchen Übung geht die Bewegung sehr schnell.

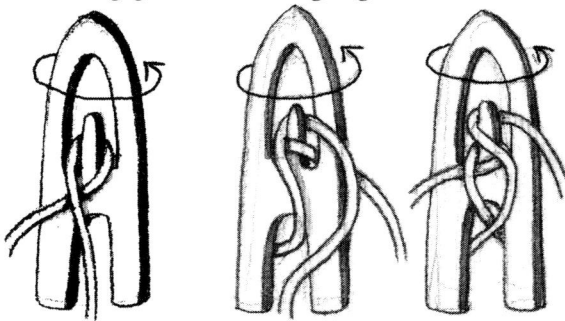

Das Seil (Kopfseil) wird in der gewünschten Breite des Netzes zwischen zwei Ästen oder Nägeln gespannt (z. B. 60 cm). Mit einem aus der Seefahrt entliehenen Knoten (Webleinensteg) wird die Schnur an dem Kopfseil von links nach rechts befestigt. Dabei wird die Netznadel mit dem Faden geführt und bei Bedarf Schnur abgelassen.

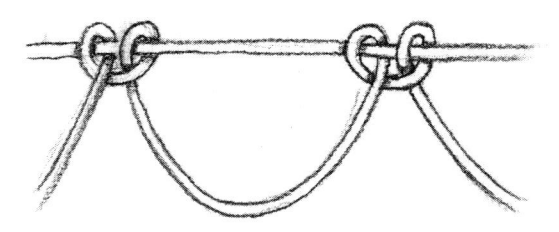

Am Ende werden mit einem Schotstegknoten die Maschen der ersten Reihe mit der Netznadel entsprechend der Zeichnung um die zweite Maschenreihe erweitert. Dabei die darüberliegende Masche zur Schlaufe halten, die Netznadel einmal um die Schlaufe herumführen und sie einmal durch die Schlaufe hindurchziehen.

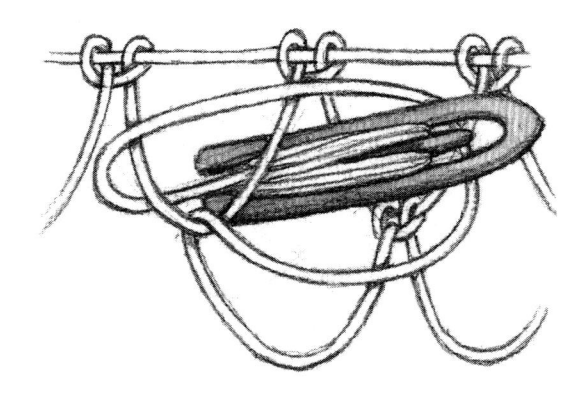

Sind wir auf der rechten Seite angekommen, wird wieder eine neue Maschenreihe nach links geknüpft. Falls der Schnurvorrat auf der Netznadel erschöpft ist, muß eine neue Schnur entweder mit einer neuen bestückten (eventuell einer vorbereiteten zweiten) Netznadel mit einem Webleinensteg befestigt werden, oder wir beenden das Knüpfen, indem wir das Schnurende verknoten.

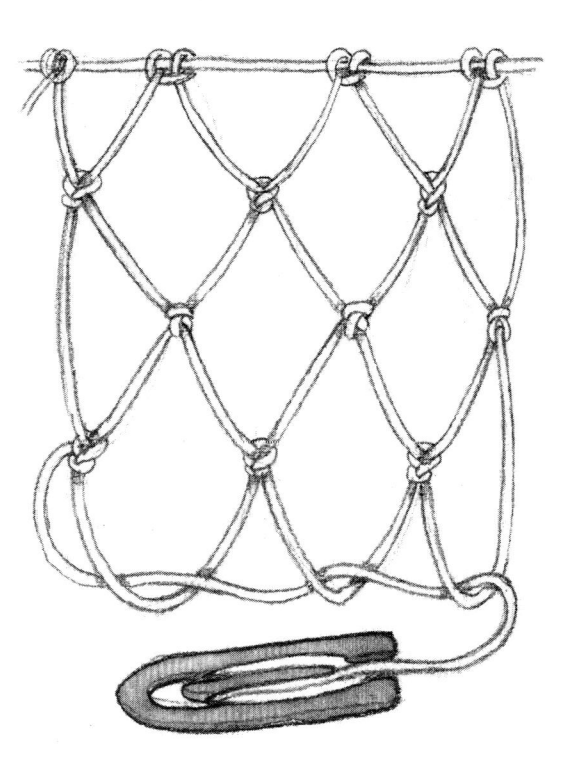

Auf der Ritterburg

„Kein edler Mann soll aus der Schüssel saufen. Wer das Getränk so in sich hineinschüttet, als ob er rasend wäre, der benimmt sich nicht höfisch, genausowenig wie der, der sich über die Schüssel hängt und wie ein Schwein ißt, schmatzt und rülpst.
Ungezogene beißen vom Gericht ab oder nagen ein Hühnerbein an und legen es wieder in die Schüssel zurück.
Auch wer sich in das Tischtuch schneuzt, beweist keine feinen Manieren.
Trinkt nicht mit vollem Mund. Bevor ihr trinkt, wischt euch den Mund ab.
Ihr sollt euch auch nicht kratzen mit der bloßen Hand. Nehmt dazu einen Teil eures Gewandes, so daß die Hand nicht dreckig wird.
Wer sich am Tisch schneuzt und den Rotz in der Hand reibt, der ist ein Schmutzfink.
Wer ungewaschen zum Essen kommt, dem mögen die Finger lahm werden."
(Aus einer „Tischzucht" aus dem 12. Jahrhundert)

Die Ritterburgen dienten den Feudalherren als Wohnsitz, als „festes Haus", in dem sie mit Rittern, Knappen und Knechten, mit Damen, Frauen und Mägden wohnten. Burgen sollten nach außen die Macht des Besitzers zeigen und zugleich Befestigungsanlagen sein Deshalb wurden sie auf Bergen oder steilen Felsen errichtet. Neben ihrer großen militärischen Bedeutung hatte die Burg als Wirtschafts – und Verwaltungszentrum eine wichtige Funktion. Die Burg gab der Herrenfamilie auch den Namen.

Das Feudalsystem entstand in einer Zeit, als die Wikinger im Norden und Westen, die Sarazenen im Süden und die Ungarn im Osten einfielen. Die Bevölkerung vertraute sich in diesem unruhigen 9. und 10. Jahrhundert örtlichen Herren an, die mit ihren Kämpfern einen gewissen Schutz vor Überfällen und Plünderungen boten. Auf dem „flachen Land" konnten diese Herren mit der Zeit ihre Macht erweitern, denn der König war schwach und die noch von Karl dem Großen eingesetzten Hochadligen lebten weit weg. Hohen und niederen Adel verband ein kompliziertes System von Abhängigkeiten. Ursprünglich hatten die Könige ihren „Vasallen" Länder verliehen, die dafür Treue, Gefolgschaft und Gehorsam gelobten. Dieses System setzte sich nun nach unten fort, mit Untervasallen, die einen Teil des Landes zur wirtschaftlichen Nutzung erhielten und dafür Abgaben und Kriegsdienste leisteten oder ihrerseits das Land an Freie verliehen und sie zu Dienstleistungen und zur Heeresfolge heranzogen. Zunächst löste sich der Vertrag zwischen Vasall und Herr mit dem Tod eines der Vertragspartner auf, seit dem 10. Jahrhundert konnte das Lehen vererbt werden.

Ritter waren ursprünglich berittene Soldaten, die von den Franken im 8. Jahrhundert gegen die arabischen Reiterheere in Spanien eingesetzt wurden. Im Laufe der nächsten 300 Jahre erhielten auch diese Reiter Land von den Adligen, mit dem sie ihre teure Ausrüstung selbst bezahlen konnten. Viele blieben aber „arme Ritter" im Vergleich zu ihren Herren und suchten nach Ausgleich in einem idealen Lebensziel, das sich an antiken Helden aus der Sagenwelt und an Bibelgestalten orientierte. Ein wahrer Ritter strebte nach Weisheit, Gerechtigkeit, Mäßigung und Tapferkeit. Dieses Ideal, sozusagen die Leitidee des Mittelalters, wurde an den Höfen der Vornehmen gepflegt und den Kindern von einem „Zuchtmeister" vermittelt. Bald wollten alle Adeligen ritterlich und „höflich" sein, also hofgemäßes Benehmen zeigen. Die Wirklichkeit sah allerdings ganz anders aus. Die meisten Ritter konnten nicht einmal lesen und schreiben, sie setzten in der Regel nur ihr eigenes Recht durch, wenn getafelt wurde, langten sie unmäßig zu, und auf den Turnieren nutzten sie jedes Mittel, um den Gegner zu besiegen.

Burganlage, Kleidung, Tischsitten

Die Burg war von einem Graben und einer Ringmauer umgeben. Der Wassergraben verhinderte, daß die Angreifer unterhalb der Burgmauer einen Tunnel bauen konnten, um in die Burg einzudringen oder mit Feuer eine Bresche in die Mauer zu sprengen. Ein Wehrgang befand sich an der inneren Ringmauer. Der Wehrgang trug anfangs zum Schutz der Bogenschützen Zinnen, die später durch Schießscharten ersetzt wurden. Das Tor war durch eine Zugbrücke und durch ein Fallgitter gesichert. Aus nach unten offenen Erkern, den „Pechnasen" konnte heißes Wasser, Öl oder Pech über Angreifer gegossen werden.

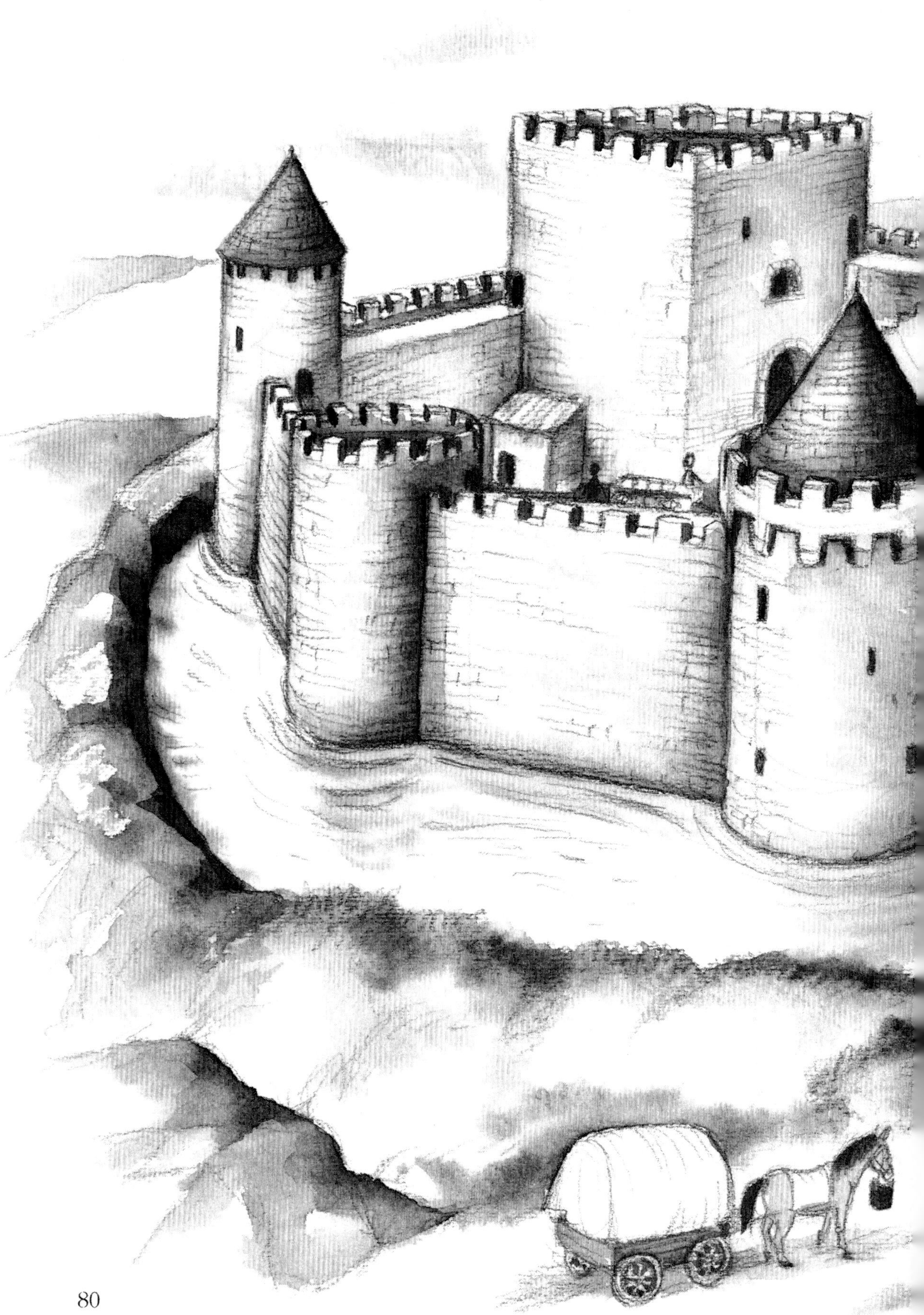

81

Auch das „heymliche Gemach" funktionierte nach diesem Vorbild; der Toilettenraum der Burg war oft weit oben sozusagen an die Mauer geklebt und wies ein offenes Loch auf, das die Ausscheidungen der Bewohner in den Burggraben fallen ließ. Da die Küchenabfälle oft auch aus dem Fenster gekippt wurden, muß es rund um die Burg für unsere Nasen entsetzlich gestunken haben.
Der Palas oder Rittersaal diente als Repräsentationsraum, die Frauengemächer, die Kemenaten, waren oft die einzigen beheizbaren Räume der Burg, außer dem Badehaus, das von den Herrschaften genauso häufig benutzt wurde wie von den Knappen und Knechten. Nach innen zum Burghof hin gelegen gab es noch eine Kapelle – häufig zweistöckig, für die Herrschaft oben und die anderen Burgbewohner unten -, Wirtschaftsbauten, Ställe und Scheunen.
Innerhalb der Burgmauern durften keine Streitereien und Kämpfe ausgetragen werden. Den Burgfrieden zu halten war Pflicht eines jeden Bewohners. In größeren Burganlagen boten die Burghöfe Platz für Ritterturniere, Feste und andere Treffen. Seit Karl dem Großen galt eine Anweisung, daß an den Burgen wichtige Handwerke angesiedelt werden sollten. So stand der Waffenschmied an oberster Stelle. Dazu sollten Schuhmacher, Seifensieder, Bäcker geworben werden.

Das Innere der Burg war keinesfalls so prächtig, wie das viele Beschreibungen glauben machen wollen: In den Räumen war es meistens feucht und kalt, durch die schmalen Fenster (die nur bei wohlhabenderen Rittern vom 13. Jahrhundert an mit Butzenscheiben verglast waren) fiel kaum Licht. Deshalb wurden die Plätze am Fenster wie kleine Erker mit steinernen Bänken ausgebaut. Die Möblierung bestand aus Truhen für die Kleider, aus Tischen und Bänken, manchmal auch Stühlen. Burgherrin und Burgherr schliefen vielleicht schon in einem Himmelbett, wobei der Betthimmel dafür sorgte, daß das Paar nachts nicht zu stark vom Ungeziefer geplagt wurde.

Im Rittersaal fanden die großen Eßgelage statt. Alltags haben die Ritter dasselbe wie ihre Untertanen gegessen, nur hatten sie reichlichere Mengen zur Verfügung. Bei großen Festen bogen sich aber die Tische. Und die Bauern mußten für solche Gelage dem Burgvogt zusätzlich Lebensmittel abliefern. Wild und Geflügel, Rinder, Schweine oder Fisch aus den Gewässern des Gutsherrn wurden in der Küche der Burg verarbeitet und in mehreren Gängen von Dienern serviert. Als Beilagen gab es Gemüse und in Butter gebackene Weißbrotscheiben, als Nachtisch wurden Honigkuchen und Bratäpfel gereicht; Honigkuchen war oft mit Pfeffer gewürzt, woran der Name „Pfefferkuchen" heute noch erinnert. Jeder Gast erhielt einen Löffel und ein Messer, Gabeln werden zum Essen erst ab dem 16. Jahrhundert benutzt. In Scheiben geschnittenes Fleisch lag auf größeren Brotscheiben, die als Teller dienten. Nach dem Festmahl wurden diese Brotscheiben den Hunden zugeworfen oder an Arme verteilt.

Ein Kochherd war auf der Burg genausowenig bekannt wie bei der Bauernfamilie. Über einer mächtigen Feuerstelle wurde am Spieß oder auf Rosten das Fleisch gebraten und in großen Töpfen Gemüse gekocht. Die Schöpflöffel, Zangen und Feuerhaken hatten besonders lange Griffe, um nicht zu nah an der großen Hitze hantieren zu müssen. Weil der Fleischsaft ins offene Feuer lief, mußten die Köche Soßen aus anderen Zutaten anrühren. Dabei spielten scharfe Gewürze eine besondere Rolle. Sie überdeckten den faden Geschmack des ausgetrockneten Fleisches und sollten außerdem verdauungsfördernd wirken und gegen verschiedene Krankheiten helfen. Kein Wunder, daß die Gäste gewaltigen Durst bekamen, den sie mit Met, gegorenem Beerensaft und Wein löschten. Wer es sich leisten konnte, hatte statt des sauren deutschen französischen Burgunderwein eingekauft. Wein wurde mit Honig, Ingwer, Zimt oder sogar Pfeffer gewürzt.

Bei Tisch herrschten rauhe Sitten. Alte Benimmvorschriften verraten uns einiges über das Verhalten der hohen Herrschaften. Am Anfang dieses Kapitels steht ein Auszug aus einem Benimmbuch. Einige dieser Vorschriften wurden deshalb erlassen, weil auch an der Tafel des Burgherrn mit den Händen aus gemeinsamen Schüsseln gegessen wurde und häufig mehrere Gäste denselben Becher benutzten. Kein Wunder, daß besonderer Wert auf saubere Hände und einen sauberen Mund gelegt wurde.

Die verschiedenen Gänge wurden an einem Eßtisch verspeist, der aus einer großen Platte oder mehreren Bohlen mit Böcken bestand. Nach dem Essen wurde „die Tafel aufgehoben" – die Diener trugen die Tischplatte und die Böcke wieder weg.

Bis ins 11. Jahrhundert unterschieden sich die Kleider der Bauern und der Adeligen weniger im Schnitt als im Stoff und in der Farbe. Erst ab dem 12. Jahrhundert wurde die „altfränkische" (d. h. auf Karl den Großen zurückzuführende) Tracht von aufwendigeren Moden abgelöst. Dabei trieben nicht etwa die Frauen, sondern die Männer den größten Aufwand! Zu Festen besonders beliebt waren wertvolle, seidene Stoffe für die Beinkleider, häufig in unterschiedlichen Farben für jedes Hosenbein, darüber mit Borten verzierte ärmellose Umhänge, die mit kostbaren Spangen befestigt waren. Auf dem Kopf trugen die Ritter Hüte aus Wolle, Tuch oder Pelz, an den Füßen Schnabelschuhe oder lederne Stiefel. Die Frauen trugen im 13. Jahrhundert lange schleppende Kleider mit enganliegenden Ärmeln und Hauben auf dem Kopf. Die verschiedenen Modeströmungen veranlaßten Priestern und Mönchen ständig zu Moralpredigten über die Verschwendungssucht des Adels und später der städtischen Bürger.

Der Traum des Pagen Conrad

Ich werde Conrad gerufen und lebe als Page auf der Burg meines Onkels Ritter Rübesam, seit ich sieben Jahre alt bin. Früher war ich mit meinen Eltern, Geschwistern und dem Gesinde auf unserem Familiensitz daheim. Das war auch ein steinernes Haus, nur viel kleiner als die Burg. Ich habe manchmal Heimweh nach meiner Mutter und meiner Schwester Constanze, aber es ist auch sehr schön und aufregend hier auf der Burg.

Jetzt liege ich hier schon eine Woche mit der verbundenen Schulter, die ich kaum bewegen kann und denke öfter an die lustigen Balgereien mit meiner Schwester. Ich muß auch manchmal an die drei Bauernkinder denken, die mir aus dem Moor geholfen haben und an den Abschied von ihnen hier auf der Burg, als ich ihnen nicht einmal Danke sagen konnte vor lauter Schmerzen.

Dabei wird bald das große Tunier stattfinden, Siegbert wird zum Ritter geschlagen und kurz danach, an meinem 12. Geburtstag, werde ich selber Knappe. Soviel aufregende Dinge stehen vor der Tür, und ich liege hier herum! Bin ich erstmal Knappe von Ritter Lothar, brauche ich nicht mehr nur die Lanzen, Schwerter und Schilder zu putzen; dann lege ich selbst das Kettenhemd an, schütze den Kopf mit einem Helm, trage Schuhe mit Sporen und übe mich ernsthaft in ritterlichen Fertigkeiten: Reiten, Ringen, Fechten, Zielen auf eine Zeilscheibe.

Mit Ritter Lothar werde ich weiterhin auf die Jagd gehen, doch dann darf ich nicht nur Vögel, sondern auch Hirsche, Füchse und Wildschweine jagen. Ich bin sehr stolz, wenn Ritter Lothar oder gar mein Onkel mich loben. Dann strenge ich mich noch mehr an und träume davon, schon in einigen Jahren zum Ritter geschlagen zu werden wie jetzt Siegbert, denn Ritter sind mutig und großherzig und empören sich gegen jede Ungerechtigkeit.

Der Zehnt wird übergeben

Heute werden einige Bauern aus dem Dorf erwartet, das nahe dem Sumpf liegt, in den ich vor ein paar Wochen hineingefallen bin. Ich habe die lange Liste mit den Abgaben gesehen, die die Bauern mitzubringen haben. Fünf Dörfer liegen in der näheren Umgebung um die Burg. Das ist nicht viel, deshalb achtet mein Onkel, Ritter Rübesam, auch streng auf pünktliche Lieferung und schickt seinen Vogt ständig in die Dörfer, um die Erträge der Bauern zu kontrollieren.

Und richtig, gerade als ich durch die Vorburg schlendere und mir absichtlich Zeit lasse, der Köchin meine Dienste anzubieten, poltern zwei Ochsenkarren durch das offene Tor. Der eine ist vollgeladen mit Getreidesäcken, Gemüsekörben, Käfigen mit Hühnern und Gänsen und Töpfen mit Honig, der andere trägt Heu, Flachs, gefärbte Tücher, Holzstiele für das Werkzeug und Fackeln. Außerdem ist ein Kalb mit einem Seil an den Karren angebunden.

Vorneweg gehen zwei Bauern und neben dem Kalb läuft der Junge, der mir im Sumpf geholfen hat. Das Mädchen hinter ihm muß seine Schwester sein. Etwas unwohl ist mir doch, die Bauernkinder hier zu treffen. Soll ich mit dem Jungen sprechen, mich bedanken, oder verschwinde ich lieber in der Küche, wo ich jetzt eigentlich hingehöre? Aber feige bin ich nicht, auch wenn es sich nicht gehört, mit den Bauernlümmeln zu sprechen. Schließlich bin ich noch Page, und so stelle ich mich neben den langen Tisch, an dem der Vogt die Abgaben zählt, wiegt und schätzt, ob sie dem Zehnten entsprechen. Während der Vogt ständig etwas zu meckern hat, schauen sich der Bauernjunge und ich immer wieder an. Er hat mich natürlich auch erkannt. Ob er erwartet, daß ich ihn anspreche?

Das Angstloch

Oh je, da kommt meine Tante, die Burgherrin, aus der Küche direkt auf mich zu. Ob die Köchin ihr erzählt hat, daß sie mich seit einer Weile vermißt? Zum Verschwinden ist es zu spät. Sie tritt an den Tisch heran, vornehm die Hände gefaltet, und fragt den Vogt, ob er zufrieden ist mit der Lieferung. Der ist plötzlich ganz unterwürfig und äußert sich lobend über die Fackeln, die die Bauern zusätzlich mitgebracht haben. Ich schaue ängstlich zu ihr hoch, aber sie scheint nicht böse zu sein. „Conrad, willst du den Kindern nicht ein wenig von der Burg zeigen? Den Bauernjungen kennst du doch. Ihr dürft nicht in das Innere der Burg, aber die Ställe und die Arbeitsräume kannst du ruhig zeigen."

Ich gehe zu dem Jungen, er lächelt, wir stoßen einander an und schon rennen wir zu dritt in die Pferdeställe. Im Laufen erzähle ich: „Ich heiße Conrad, aber das wißt ihr wohl schon. Im Winter frieren wir immer. In der Burg ist es dauernd dunkel und ganz schön ungemütlich. Seht ihr die engen Schlitze in der Wand, sie dienen als Fenster. Werden die Schlitze im Winter mit Tierhäuten zugestopft, ist es innen noch düsterer. Ich bin dann am liebsten bei den Pferden, sie wärmen mich und die anderen zwei Pagen."

Der Junge heißt Albrecht und seine Schwester Ursula. Ich zeige ihnen den Brunnen neben dem Pferdestall. Mein Onkel hat Glück, daß er immer frisches Wasser bekommt. Auf der Nachbarburg muß Regenwasser in Zisternen gesammelt werden, und die sind bei langer Trockenheit leer. Ich werfe einen Stein in den dunklen Schacht, und es dauert furchtbar lange, bis wir hören, daß er ins Wasser klatscht.

Dann klettere ich mit meinen Gästen auf den Wehrgang. Von hier oben können wir weit ins Land hineinblicken. Direkt nach unten in den Burggraben wollen die beiden lieber nicht schauen, ihnen wird wohl schwindelig. Ich muß unbedingt noch die Geschichte mit den schwarzen Stellen an der Burgmauer loswerden. „Hier sind Spuren von der letzten Belagerung. Ritter Lothar hat mir erzählt, daß die Feinde Stroh und Reisig aufgeschichtet und angesteckt haben, um die Mauer zum Einsturz zu bringen. Aber die Mauer hat gehalten, und als es Herbst wurde, sind sie wieder abgezogen."

„Jetzt zeige ich euch noch das Angstloch! Wir schleichen uns durch die Küche, macht nur keinen Lärm, daß mich die Köchin nicht sieht. Hinter dem Vorratsraum im Bergfried ist es dann." Ursula und Albrecht nicken etwas beklommen. Wahrscheinlich habe ich ihnen einen ganz schönen Schrecken eingejagt. In der Küche gaffen sie die Köchin und die Mägde an. Sie haben wohl noch nie so viele Gerätschaften und Speisen auf einem Haufen gesehen. Aber ich ziehe sie weiter, bevor jemand aufmerksam wird. Über die Treppe kommen wir in den Bergfried. Hier ist es dämmerig, und mir wird selbst etwas unheimlich. Ich flüstere: „Gebt mir eure Hand, damit ich euch führen kann. Sonst fallt ihr am Ende noch in das Verlies hinein."

Mist! Jetzt habe ich es doch schon verraten. Das Angstloch ist nämlich eine kreisrunde Öffnung im Boden. Wie immer steigt aus dem fensterlosen Raum darunter ein muffiger Geruch herauf. Ich flüstere immer noch: „Hier hält Ritter Rübesam seine Gegner gefangen. Sie werden an einem Seil hinuntergelassen und müssen da unten im Dunkeln mit den Ratten wohnen, bis ihre Verwandten das Lösegeld bezahlt haben."

Albrecht und Ursula sind ein bißchen blaß, als wir wieder auf dem Burghof stehen. Ich bin aber auch froh, daß wir wieder im Hellen sind. Sie müssen sich jetzt beeilen, damit sie noch vor der Dunkelheit wieder zu Hause sind. Ich verabschiede mich. Eigentlich sind die beiden ganz nett: „Vielleicht sehen wir uns beim großen Turnier wieder?"

Kettenhemd und Kegelhaube

Kegelhaube / „Hennin"

Eine Kopfbedeckung, die häufig auf Abbildungen über das Mittelalter zu sehen ist, kam erst im 15. Jahrhundert in Mode und wurde vermutlich aus dem Orient übernommen: die Kegelhaube, Hennin genannt. Inzwischen hatten es auch viele Bürger zu Wohlstand gebracht und wetteiferten mit den Adeligen, wer die kostbarsten und ausgefallensten Kleidungsstücke tragen konnte. Deshalb wurden immer differenziertere Kleiderordnungen erlassen, die z. B. die Größe der Schnabelschuhe bei den Männern regelten oder ob eine Handwerkersgattin einen golddurchwirkten Gürtel besitzen durfte.

Material: biegsame Pappe im DIN-A2-Format; Klebestreifen; mehrere bunte Tücher
Alter: ab 5 Jahren

Das Stück Pappe wird um den Kopf der Trägerin zum Kegel gerollt und entsprechend der Größe mit Klebestreifen zusammengehalten. Die Spitze schneiden wir großzügig ab und stecken von innen mehrere Tücher hinein, kleben sie jeweils am Zipfel an und ziehen sie durch die Spitze wieder heraus. Die Tücher sollen außen locker fallen.

Blumenkranz als Kopfschmuck

Verheiratete Frauen mußten in der Öffentlichkeit ihren Kopf bedecken, das schrieb ihnen die Kirche vor. Junge unverheiratete Frauen trugen ihr langes Haar offen, gehalten von einem Haarreif, dem „Schapel". Wenn es Frühling wurde, schmückten sie sich vielleicht mit einem Kranz aus Blumen.

Material: Frühlingsblumen; Messer
Alter: ab 4 Jahren

Für einen Blütenkranz werden die Blumen mit Stengel benötigt. Der Stengel erhält einen Schlitz, durch den jeweils der nächste Blumenstengel gezogen wird, bis der Kranz groß genug ist, um auf dem Kopf zu halten.

Wachssiegel

Mit einem Siegel wurde die Rechtskräftigkeit von Urkunden bestätigt, „besiegelt". Zunächst waren die Siegel den Königen und Kaisern, den Kirchenfürsten und dem hohen Adel vorbehalten, im 11. Jahrundert den Klöstern, ab dem 12. Jahrhundert auch den Städten und dem niederen Adel. Die Herrscher verwandten Gold für ihre Siegel, Päpste Blei, alle anderen rotes oder farbloses Wachs. Die Siegel wurden direkt aufs Pergament gedrückt und ergänzten oder ersetzten die Unterschrift der Herrscher. Siegelbewahrer war eine herausgehobene Beamtenfunktion, und wer Siegel fälschte oder unrechtmäßig benutzte, wurde verbannt, gebrandmarkt oder sogar hingerichtet.

Material: Speckstein; Bienenwachs; Schnitzmesser
Alter: ab

Der Speckstein wird zu einem etwa 10 cm langen Stab mit einem Durchmesser von ca 2 – 3 cm geschnitzt. An einem Kopfende wird der Umriß eines Wappens, ein geheimes Zeichen oder ein Tierkopf beim Schnitzen ausgespart, so daß er hervorsteht. Die Umgebung wird glatt abgetragen. In ein weiches rundes Stück Bienenwachs (eventuell etwas erwärmen) kann nun das Siegel eingedrückt werden.

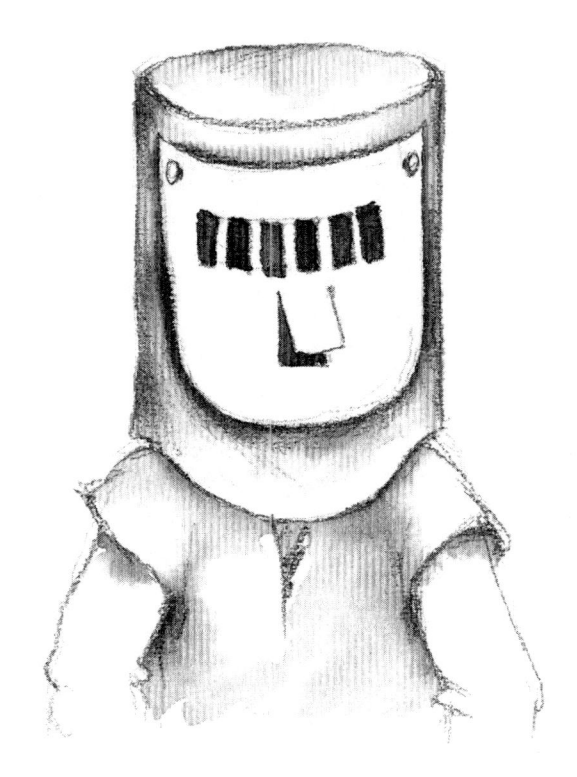

Helm

Material: dünner Din-A2-Karton; Schere; Messer; Klebstoff; Musterbeutelklammern; blaue Farbe
Alter: ab 7 Jahren

Der Helm reicht bis auf die Schultern und hat einen zusätzlichen Halt am Kopf. Außerdem bekommt er einen beweglichen Gesichtsschutz. Wir rollen den Karton um den Kopf des Kindes und nehmen Maß. Unser Modell brauchte ein 38 x 70 cm großes Kartonstück. Als nächstes wird das Gesichtsgeld freigeschnitten. Bei uns wurde es 15 x 13 cm groß 6 cm unterhalb des oberen Randes angesetzt. Seitlich vom Gesichtsfeld werden Schulterausschnitte von 8 cm Tiefe herausgeschnitten. Jetzt wird der Karton zur Rolle gedreht und hinten übereinandergeschoben verklebt. Mit Gummiband gesichert und ein wenig beschwert trocknet der Klebstoff an.

Das Visier soll das Loch für das Gesichtsfeld großzügig überlappen und hatte bei uns die Maße 23 x 23 cm. Für die Augen werden mit dem Messer 3 x 1 cm breite Sehschlitze geschnitten. Für die Nase wird ein Rechteck nach unten hin freigeschnitten. Aus dem Pappkreis (Durchmesser 25 cm) für die obere Abdeckung werden rundherum ca 2 cm kleine Dreiecke ausgeschnitten, so daß die stehengebliebenen Dreiecke umgeknickt in der Helmrolle verklebt werden können. Zum Schluß wird das Visier mit zwei Musterbeutelklammern 5 cm unterhalb des oberen Randes mit einer Wölbung vor das Loch des Gesichtsfeldes so befestigt, daß genügend Spielraum zum Hochklappen über den oberen Helmrand bleibt.

Wappen

Wann genau die Wappen entstanden sind, weiß niemand. Das Wort leitet sich aus „Waffen" ab. Neben dem Schild wurden auch Lanze, Helm, Pferdedecke mit den eigenen Farben und Symbolen bemalt. Löwe und Leopard bedeuteten Mut, das Wildschwein Kraft, der Schwan Schönheit; andere Wappenbilder standen für den Familiennamen, z.B. zwei Barben (Fische) für die Familie Barby. Immer abwechselnd mußten Metallfarben (gelb und weiß für Gold und Silber) und echte Farben (rot, schwarz, blau, grün, purpur) verwendet werden. Ein roter Löwe durfte also auf einem weißen, nicht aber auf einem grünen Untergrund stehen.

Material: Zeichenpapier; Karton; Bleistift; Farbstifte oder farbiger Karton; Klebstoff; Schere
Alter: ab 5 Jahren

Auf ein Papier wird der Umriß des Wappens gezeichnet und farbig ausgemalt. Aufwendiger ist folgende Methode: Auf dem Zeichenpapier entwerfen wir eine Vorlage, die dann in bemaltem oder farbigem Karton ausgeführt und auf den Schild aufgeklebt wird. Wir wählen einfache Figuren – Schrägbalken, Kreuz – oder auch ein Symbol wie den abgebildeten Turm.

Schild

Mit ihrem Schild wehrten die Ritter im Kampf Schwerthiebe und Lanzenstöße ab. Um Freund und Feind auseinanderhalten zu können, ließen vermutlich im 12. Jahrundert erstmals die Ritter farbige Muster und Zeichen auf den lederüberzogenen Schild malen.

Material: feste Pappe; Zeichenpapier; breites Stoffband; Klebstoff; Wachsmalstifte; Schere; Tacker; Tapetenmesser
Alter: ab 5 Jahren

Maße und Form der Schilde können sehr verschieden sein. Unser Schild läuft nach unten hin spitz zu und hat so einen fast dreieckigen Umriß. Um den Schild gut halten zu können, bringen wir zwei Schlaufen aus breitem Stoffband mit dem Tacker auf der Rückseite des Schildes an. Durch die erste wird der Unterarm geführt und nach der anderen greift die Hand. Auf die vordere Seite wird das Zeichenblatt mit dem zuvor gezeichneten Wappenbild geklebt.

Kettenhemd

Kettenhemd, eiserner Helm und Lederschild – das war der Schutz der Ritter um die Jahrtausendwende. Dabei war das Kettenhemd, die sogenannte Brünne, schon ein Wunder an technischer Fertigkeit und Geduldsarbeit. Bis zu mehreren hunderttausend kleiner Ringe mußten geschmiedet, ineinandergefügt und vernietet werden. Entsprechend hoch war auch der Preis: im 9. Jahrhundert zahlte ein Ritter den Gegenwert von sechs Ochsen.

Material: metallenes Fliegengitter; Malerklebeband; 24 Ösen; Lederband oder Schnur; Drahtschere oder Universalschere; Hammer
Alter: ab 7 Jahren

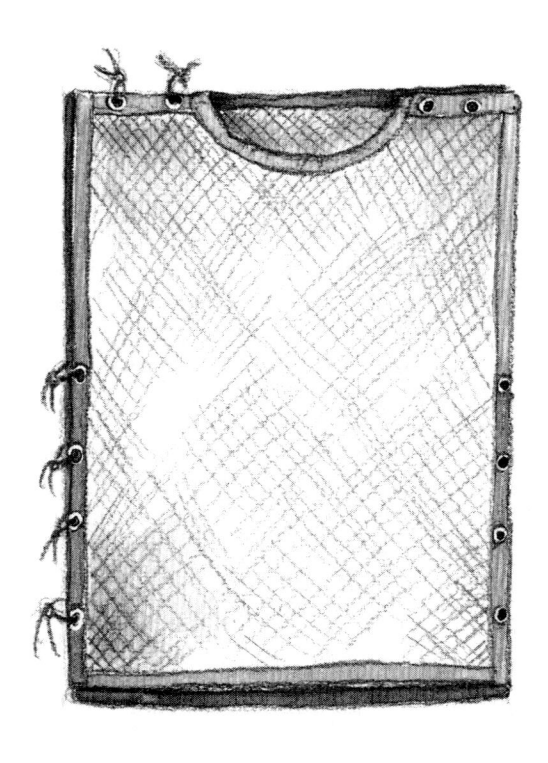

Mit der Drahtschere werden aus dem Fliegendraht je ein paßgerechtes Vorder- und Rückenteil zugeschnitten. Das Vorderteil erhält einen Halsausschnitt. Die Ränder beider Teile werden mit dem Malerklebeband umklebt, damit die dünnen Drahtenden niemanden pieken können. In jedes Teil werden nun an den gleichen Stellen jeweils 12 Ösen gehämmert. Mit 12 Lederschlaufen werden Brust- und Rückenteil verbunden, wobei die eine Seite bereits vor dem Anlegen verknotet worden ist, während die andere wie bei den Rittern mit Hilfe eines Knappen erst nach dem Anlegen geschlossen werden kann.

Schwert

Ein gutes Schwert zu schmieden, war eine besondere Kunst. Der Stahl mußte hart und gleichzeitig bruchsicher sein, das Schwert sollte wuchtige Hiebe verteilen, aber nicht zu schwer sein. Die berühmtesten Waffenschmiede hatten ihre Geheimrezepte. So unwahrscheinlich es klingen mag, hat selbst die Sage von Wieland, dem Schmied, ihren wahren Kern. Es heißt, er habe Eisenspäne an Hühner und Gänse verfüttert und aus dem Kot besonders harte Schwertklingen hergestellt. Werkstoffuntersuchungen haben ergeben, daß sich die ausgeschiedenen Eisenspäne, vermischt mit den Verdauungssäften, tatsächlich zu hervoragendem Schwertstahl schmieden ließen ...

Material: schmale Holzleiste oder einfacher Stock; Silberfarbe; Pinsel; Bierdeckel oder Pappscheibe; Querholz; Nägel und Schnur
Alter: ab 5 Jahren

Es gibt viele Möglichkeiten, sich ein Schwert zu basteln. Unseres ist aus Holz gefertigt und fein glatt geschliffen. Danach wurde es mit Silberfarbe angestrichen. Als Handschutz dient uns ein Bierdeckel. Man kann aber auch ein Querholz mit kurzen Nägeln und zusätzlich mit Schnur an dem Schwertholz befestigen.

Variante: Eine einfachere Ausfertigung besteht aus einem Haselnußstecken, der 7 – 9 cm unter dem oberen Ende zwei Aststücke besitzt; sie dienen als Handschutz. Der Griff kann außerdem noch verziert werden, indem wir die Rinde in verschiedenen Mustern teilweise abschälen.

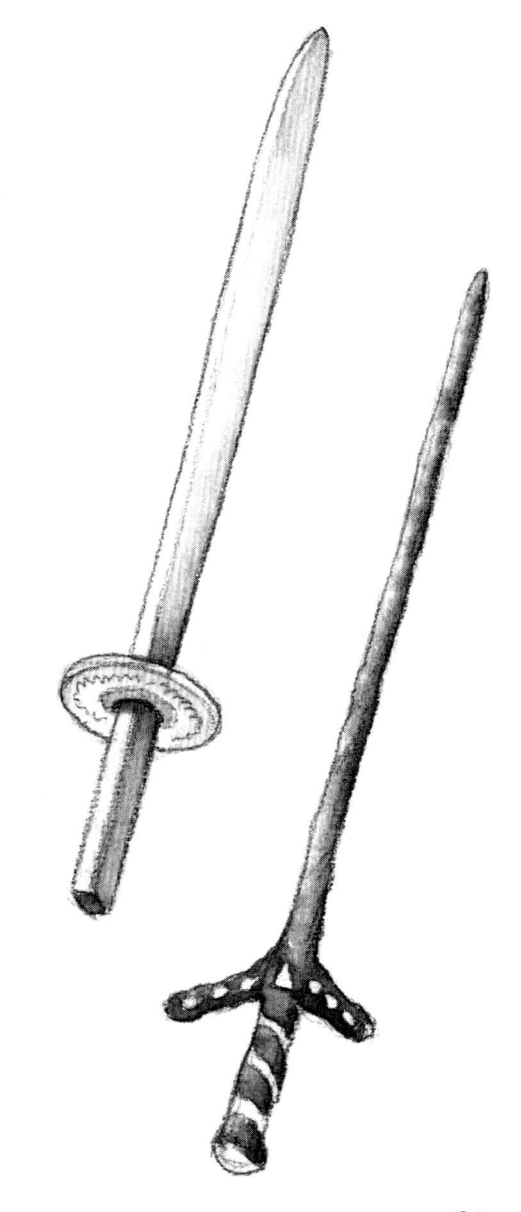

Schwertscheide

Gewöhnliche Ritter hatten eine Scheide aus lederüberzogenem Holz. Nur reiche Adelige konnten sich die Scheide aus Gold anfertigen lassen.

Material: Papprolle (Postverpackung); Pappdeckel; Farbe oder Wachsmalkreide; Gürtel; Messer
Alter: ab 5 Jahren

Als Hülle für das Schwert wird am besten eine Papprolle genommen. Unten schließen wir, wenn nicht bereits vorhanden, die Röhre mit einer Pappscheibe. Für den Gürtel werden etwa 5 cm unterhalb der Öffnung zwei Schlitze eingeritzt, durch die der Gürtel geführt werden kann. Zur Verzierung kann die Papprolle mit Farbe oder Wachsmalkreiden bemalt werden.

Lanze

Lanzen wurden beim Turnier und im Kampf verwendet. Der Gegner konnte damit aus dem Sattel gehoben werden. Während die Ritter sie zunächst frei führten, wurden sie im 13. und 14. Jahrhundert wesentlich schwerer und ab dem 15. Jahrhundert in der Rüstung unter der Schulter verhakt. So konnten mit „eingelegter Lanze" besonders wuchtige Stöße geführt werden.

Material: Besenstiel oder Bohnenstange; Gummi einer Saugglocke, Bierdeckel oder Pappscheibe
Alter: ab 5 Jahren

Als Lanze können vielerlei Stangen und Stöcke dienen. Wir haben einen Besenstiel genommen und das Gummiteil einer Saugglocke, wie sie für die Rohrreinigung üblich ist. Das Gummi wurde auf den Besenstiel geschoben und saß schön fest, um die Hand zu schützen.

Burgbauplan

Für seine Burg mußte sich ein Ritter in große Schulden stürzen, denn die spezialisierten Handwerker waren teuer: voran der Baumeister, der die Pläne machte und den Bau beaufsichtigte, dann die Steinmetze, Zimmerleute, Steinsetzer und Maurer. Die Bauern mußten beim Bau der Burg Hilfsdienste leisten.

Material: Papier und Bleistift; Pappkisten und -schachteln; Schere; Klebstoff; Glas; Lineal; Schnur; farbiges Papier; Wachsmalstifte oder Wasserfarben
Alter: ab 4 Jahren

Wir zeichnen zuerst einen Grundriß der Ritterburg. Kreise gelingen leichter mit einem Glas, Rechtecke und Linien mit dem Lineal; dort sollen die Gebäude, Türme und Mauern stehen. Dazu gehören der Palas oder Rittersaal, der Bergfried, große und kleine Wehrtürme, der Wehrgang, die Zugbrücke, der Wassergraben, die Ringmauer, die Kemenate, Häuser für das Gesinde und Ställe für die Pferde.

Die große Pappkiste bildet das Hauptgebäude der Burganlage. In gleichem Abstand werden Kerben als Zinnen in den oberen Rand der Pappkiste geschnitten. In eine Ecke wird ein Turm geklebt. Auch der Turm entsteht aus einer zugeschnittenen Pappschachtel. Die Wehrgänge werden so zurechtgeschnitten, gefaltet und mit Klebstoff bestrichen, daß sie unterhalb der Zinnen festgeklebt werden können.

Die Burgmauer wird um die Burg herum aufgestellt. Auch sie ist aus Pappe entstanden, die wegen der besseren Standfestigkeit unten umgeknickt wird; vor der Burgmauer fließt ein Wassergraben aus blauem Papier. Alle Gebäude und Mauern werden mit Schießscharten versehen und nach Belieben angemalt. Tore, eine Zugbrücke aus Pappe und Schnur sowie Fahnen aus buntem Papier machen die Burg komplett.

Arme Ritter und Burgverteidigung

Arme Ritter

Zutaten: Brotscheiben, Milch, Eier, Fett, Zucker und Zimt

Zubereitung: Brotscheiben werden dick geschnitten und in einer flachen Form mit Milch übergossen. Für vier Brotscheiben wird 1/2 l Milch benötigt. In drei verquirlten Eiern werden die Brotscheiben gewendet und in heißem Fett in der Pfanne gebacken. Arme Ritter werden warm gegessen und können mit Zucker und Zimt bestreut werden.

Schmalzmilch

Zutaten: Speck, Eier

Zubereitung: Speck und geschlagene Eier werden mit Milch gekocht, bis die Masse beginnt, fest zu werden. Danach läßt man sie kalt werden. Umgestürzt auf einen Teller kann die Schmalzmilch in dicke Scheiben geschnitten und in der Pfanne gebraten werden.

Honigkuchen

Zutaten: 4 Eier, 200 g Butter, 250 g Honig, 150 g feingemahlene Mandeln, 500 g feingemahlener Weizen, 1 Päckchen Backpulver als Backtriebmittel, als moderne Gewürze 1 Tl Lebkuchengewürz und 3 Tl Kakao, bei Bedarf etwas Milch, als Verzierung Sonnenblumen und Haselnüsse

Zubereitung: Alles miteinander in der o.a. Reihenfolge Schritt für Schritt zu einem weichen Teig verrühren (unter Umständen Milch zugeben) und für eine Stunde im Kühlschrank ruhen lassen. Teig auf dem gefetteten Backblech verteilen und mit dem Küchenmesser Rechtecke einschneiden. Jedes Rechteck nach Geschmack mit Haselnüssen, Sonnenblumenkernen u.ä. verzieren. Auf mittlerer Schiene das Gebäck bei 180 °C 35 – 40 Minuten backen, zerschneiden und auf einem Küchengitter auskühlen lassen.

Burgverteidigung

Auf der Burg wurden verschiedene Brettspiele gespielt, so z. B. Puff (verwandt mit dem heute beliebten Backgammon), das mit ähnlichen Regeln bereits in der Antike

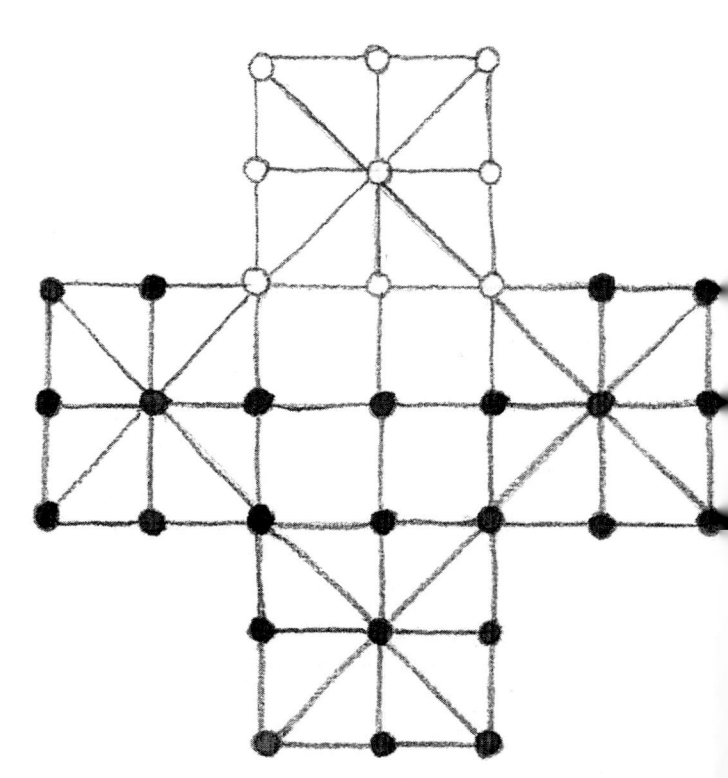

bekannt war; Mühle, das auch von der Landbevölkerung gespielt wurde; Dame; Schach. Vorläufer des heutigen Schachspiels waren wahrscheinlich schon vor über 2.000 Jahren in Indien als strategische Kampfspiele bekannt. Von da aus kam es im Mittelalter nach Europa und entwickelte sich bald zum beliebten Brettspiel der Adeligen. Das Spiel „Burgverteidigung" existiert in zahlreichen Abwandlungen, z.B. als „Fuchs und Gänse".

Material: Zeichnung des Spielplans; 2 weiße Verteidiger; 24 schwarze Angreifer (gewöhnliche Spielsteine aus einem Mühle- oder Halmaspiel oder Knöchel)
Alter: ab 7 Jahren

Alle Steine werden immer nur um ein Feld vorwärtsgezogen. Die Verteidiger dürfen in alle Richtungen ziehen und schlagen die Angreifer durch Überspringen, wenn hinter dem Stein ein Feld frei ist. Als Burg gelten die neun Punkte des oberen Quadrates. Hier verteidigen die beiden weißen Steine. Die schwarzen Angreiferfiguren besetzen alle Punkte außerhalb der Festung. Sie dürfen nicht schlagen, sondern nur vorwärts ziehen. Falls ein Verteidiger vergessen hat zu schlagen, kann er „geblasen" und vom Spielfeld genommen werden. Die Angreifer haben gewonnen, wenn sie entweder alle neun Felder der Burg besetzen oder die Verteidiger einmauern. Die weißen Steine haben die Burg erfolgreich verteidigt, wenn sie mindestens 16 schwarze geschlagen haben, denn mit acht Steinen können die neun Felder der Burg nicht mehr besetzt werden.

Variante: Wenn sich die Verteidiger nicht mehr bewegen können, geht das Spiel unentschieden aus.

Blinde Kuh

Dieses Spiel soll zurückgehen auf den Ritter Colin, der 999 trotz seiner Erblindung mit dem Streithammer weiterkämpfte. Trotz dieses kriegerischen Ursprungs war die „Blinde Kuh" bei den höfischen Gesellschaften über die Jahrhunderte hinweg vor allem als spielerische Annäherung zwischen den Geschlechtern beliebt.

Material: Halstuch
Alter: ab 3 Jahren

Alle Kinder stehen innerhalb eines vorgegebenen Kreises. Die Kreisfläche darf nicht verlassen werden. Die „Blinde Kuh" wird gerufen und geneckt und bewegt sich mit verbundenen Augen in der Mitte des Kreises. Wer von der „Blinden Kuh" gegriffen wird, übernimmt ihre Rolle.

Variante: Die höfische Gesellschaft sitzt im Kreis. Die „Blinde Kuh" setzt sich auf einen Schoß und muß raten, bei wem sie sich niedergelassen hat. Sie kann Fragen stellen, darf die besetzte Person aber nicht abtasten.

Das Turnier

Turnieren war früher ritterlich,
heute ist es tierisch, wütig, todbringend und prahlerisch.
Mordmesser und Mordkolben, geschliffene Äxte,
nur um den Mann zu töten,
so sieht das Turnier heute aus.
(Klage eines unbekannten Dichters aus dem 13. Jahrhundert)

Festlicher Höhepunkt des Burglebens war das Turnier, das sich aber nicht jeder Burgherr leisten konnte. Wenn alle Nachbarn im weiteren Umkreis mitsamt ihren Rittern und Knappen und Bediensteten eingeladen wurden, kamen leicht 150 Gäste und mehr zusammen. Da mußte nicht nur für reichliches Essen, guten Wein und Unterkunft gesorgt werden. Der Turnierplatz wurde auf großen Burganlagen im Burghof, sonst vor der Burg auf einem ebenen Platz hergerichtet. Eine Tribüne wurde gezimmert und mit farbigem Tuch ausgeschlagen, Zelte aufgestellt, der Burgvogt kümmerte sich mit seinen Helfern um den Aufbau der Marktstände. Alles sollte prächtig und eindrucksvoll aussehen, schließlich ging es um das Ansehen des Burgherren, der den Nachbarn seine Macht und seinen Reichtum zeigen wollte.

Die abhängigen und freien Bauern der Herrschaft hatten zusätzliche Abgaben und Frondienste zu leisten. Trotzdem waren die farbenfrohen Spektakel auch eine begehrte Abwechslung für die Dörfler. Der Markt, der während der Festtage ausgerichtet wurde, lockte fahrende Händler, Gaukler und Handwerker aus der Stadt zur Burg. Bauern boten landwirtschaftliche Produkte an und Holzsandalen, es gab Körbe jeder Größe aus Weidenruten, Erntehüte und Schuhe aus Stroh, getöpferte Krüge, Schalen und Teller, Webwaren und Schafswolle.

Als Vorläufer der Turniere gelten Reiterspiele, auf denen Ritter ihren geschickten Umgang mit ihrem Pferd zeigen konnten. Um sich immer in die vorteilhafteste Position beim Zweikampf bringen zu können, mußte sich das Pferd auf Schenkeldruck drehen können. Das Wort Turnier stammt vom altfranzösischen „tournoier" = drehen, wenden. Frankreich war damals führend in allen höfischen Stilfragen, dort waren schon im 11. Jahrhundert Turniere bekannt. Auf deutschem Boden ist das erste regelrechte Turnier Anfang des 12. Jahrhunderts urkundlich belegt.

Rasch hatten sich feste Regeln für den Ablauf der Kampfspiele entwickelt. Teilnahmeberechtigt waren Ritter mit einer vorgeschriebenen Anzahl von Ahnen. Ein im Wappenwesen erfahrener Herold prüfte die Wappen der Teilnehmer und entschied über ihre Turnierfähigkeit. (Daher stammt die Bezeichnung Heraldik für Wappenkunde.) Das Ganze erinnert an moderne Sportveranstaltungen, denn auch der weitere Verlauf wurde von der Turniergesellschaft anhand der Turniergesetze streng überwacht.

Wenn es allerdings zum „buhurt" und zum „tjoste" kam, war das alles andere als ein spielerisches Vergnügen. Beim Buhurt galoppierten zwei Gruppen von Rittern mit eingelegten Lanzen aufeinander zu. Der Stoß des Gegeners wurde mit dem Schild pariert. Nach Absprache konnte auch eine festgelegte Zahl von Knappen die Kämpfenden unterstützen. Beim Tjost kämpften zwei Ritter zunächst mit den Lanzen und anschließend mit dem Schwert gegeneinander. Bei fast jedem Zusammenprall zersplitterten die Lanzen. Falls der Ritter nicht aus dem Sattel gehoben worden war, wendete er sein Pferd, ließ sich vom Knappen eine Ersatzlanze reichen und galoppierte zum nächsten Angriff. Viele Kämpfer holten sich Blutergüsse, Prellungen oder Knochenbrüche, oft genug gab es Tote. Deshalb erließen geistige und weltliche Herren immer wieder Verbote, die Kirche verweigerte einem beim Turnier Gefallenen sogar das „ehrliche" (christliche) Begräbnis.

Die Turniere ließen sich aber bis ins 15. Jahrhundert nicht abschaffen. Zu verlockend war für einen Ritter die Möglichkeit, seine Tapferkeit vor den versammelten Damen beweisen zu können. Vor allem aber konnten sich die Sieger reiche Beute versprechen. Üblicherweise mußte der Unterlegene sein Pferd und seine Rüstung abgeben, oft wurden beim Gruppenkampf Gefangene gemacht, die dann erst gegen hohes Lösegeld wieder freikamen. So konnte ein siegreicher Ritter mit zwei oder drei gewonnenen Turnieren für sein Leben aussorgen, trug aber auch das Risiko, sich bei einer Niederlage endlos zu verschulden.

In der Nachfolge der Ritterturniere hat sich in Norddeutschland das sogenannte Ringelstechen erhalten. Dabei versuchen Reiter, im Galopp mit einer hölzernen Gabel oder Stange einen aufgehängten Kranz oder Faßreifen zu treffen oder herunterzuholen.

Bewaffnung und Kampf

Der Ritter verfügte über Lanze und Schwert, bei einer Schlacht setzte er Streitkolben und Streitaxt für den Nahkampf ein. Das Schwert war gleichzeitig auch ein Symbol der Macht. Herrscher ließen ihr Schwert bei feierlichen Umzügen vorantragen, in vielen Sagen bekamen die Schwerter der Helden Namen. Bauern war es bei Strafe verboten, ein Schwert zu tragen.

Als Schutz trugen die Ritter einen Schild, einen Helm und ein Kettenhemd. Die Kettenhemden boten gegen Lanzenstiche, gegen Bogenschützen, vor allem aber gegen die seit den Kreuzzügen verwendeten Armbrüste zu wenig Sicherheit. Deshalb wurden zunächst Brustharnische, dann ab dem 14. Jahrhundert Vollrüstungen getragen. Die Kehrseite dieser „Panzerung", die das Gewicht der Rüstung auf 25 bis 30 kg erhöhte: Einmal aus dem

Sattel gestoßen, war der Ritter hilflos wie ein auf dem Rücken liegender Käfer und konnte von Fußsoldaten leicht getötet werden.

Die Harnische bestanden aus vielen Metallplatten und Nieten. Sie konnten in mehrere Einzelteile zum Schutz von Kopf, Hals, Brust, Rücken, Hand , Arm und Bein zerlegt werden. Diese Teile wurden mit Lederriemen aneinander befestigt. Unter dem Vollharnisch trugen die Ritter dick gepolsterte Unterkleidung, einen „Wams" und zusätzlich Schulterpolster und ein „kollier", einen weichen Stehkragen. Sie müssen einem Football- oder Eishockeyspieler geähnelt haben, wenn der Knappe die Unterkleider verschnürt hatte und mit dem Harnisch bereitstand. Um in den Sattel zu kommen, mußte der Knappe seinem Ritter helfen. Daß dabei aber eine Seilwinde benutzt wurde, gehört ins Reich der Sage.

Die Rüstungen wurden von spezialisierten Schmieden, den Plattnern hergestellt. Dabei mußte jede einzelne Platte erhitzt und extra mit Hammerschlägen bearbeitet werden, da die mit Holzkohle befeuerten Essen keine Temperatur von 1000 °C erreichten. Erst als Steinkohle, zunächst in England, gefördert wurde, erreichten die Schmieden die notwendigen Hitzegrade für eine Eisenschmelze; so ließ sich das Eisen in Formen gießen und konnte leichter bearbeitet werden.

Die Pferde vornehmer Ritter bekamen ebenfalls einen Harnisch um die Brust und an die Flanken gelegt, oft auch über den Kopf. Sie mußten dann die eigene Panzerung, den Harnisch des Ritters, den schweren Sattel und die Waffen tragen. Das hielten nur ausgesuchte, besonders kräftige Tiere aus, die auch noch über längere Entfernungen galoppieren und einen Zusammenprall mit einem anderen Pferd aushalten konnten.

Die Harnische wurden ständig poliert, damit sie keinen Rost ansetzten. So konnten sie manchmal über mehrere Generationen hinweg vererbt werden. Die Pflege der Rüstung gehörte zur Aufgabe des Knappen. Er mußte seinem Herrn mehrere Jahre dienen. Das bedeutete unter anderem: Er half dem Ritter, die Rüstung anzulegen; auf Reisen sorgte er für die Unterkunft und handelte mit dem Wirt die Preise aus; bei Tisch schenkte er den Wein ein und schnitt das Fleisch vor; und er begleitete den Ritter in den Kampf. Dort sollte er zu Fuß eingreifen, wenn sein Herr in Gefahr war. Er durfte noch kein Schwert tragen, aber mit dem Dolch konnte er die Pferde der Gegner treffen.

Große Schlachten auf offenem Feld waren im Mittelalter selten. Wenn sie stattfanden, wurden sie von Reitern und Fußsoldaten geführt. Diese konnten sich aus Geldmangel nur mit einem hanfgefütterten Wams schützen und mit Äxten und Spießen oder Sensen bewaffnen, wobei die Klinge mit der Spitze nach vorn auf den Schaft gesetzt worden war. Für die vielen Gefallenen unter den Fußsoldaten interessieren sich die Geschichtsschreiber nicht. Wenn sie über solche Schlachten berichten, melden sie selten Tote. Das traf auf die beteiligten Ritter auch zu – schließlich konnte ein adeliger Gefangener viel Lösegeld bringen.

Häufig fanden dagegen Fehden zwischen benachbarten Grundherren statt. Sie wurden förmlich, oft schriftlich erklärt und trafen wieder die arme Landbevölkerung am härtesten. Um dem Gegner zu schaden, wurden nämlich seine Dörfer überfallen, Felder niedergebrannt, Rinder und Ziegen weggetrieben, die jungen Männer verschleppt. Dabei konnte es auch zur Belagerung der gegnerischen Burg kommen, und wenn der Burgherr zur Aufgabe gezwungen war, mußte er in der „Urfehde" Frieden schwören, die Gefangenen herausgeben und für den angerichteten Schaden aufkommen.

Conrad gerät ins Kampfgetümmel

Ich hocke mit Ursula in der Buche. Von dort aus können wir den Weg zur Burg beobachten. Planwagen mit Pferden rumpeln durch die Fahrrinnen, schwer beladene Maulesel, die entweder große Körbe oder einen dicken Kaufmann auf dem Rücken tragen, werden von Männern angetrieben. Und weiter hinten sehe ich ganz deutlich einen großen braunen Bären. Sie wollen bestimmt alle zum großen Turnier, das der Onkel von Conrad ausrichten läßt.

Am liebsten würden wir zum Burgweg rennen und die Fremden genauer betrachten, aber es gibt so viel zu tun, daß wir nicht einmal die beiden Händler bestaunen können, die seit zwei Tagen beim Eberbauern Quartier bezogen haben. Alle im Dorf kontrollieren ihre Vorräte, ob nicht noch etwas für den Markt zum Verkauf abfällt. Mutter hat schon gefärbte Wolle in einen Weidenkorb gepackt, und Hugo wird mit seinem Vater Schnitzereien anbieten. Wir haben uns mit ihm und Drutwin verabredet, daß wir die Seifkrautbäuerin im Auge behalten wollen. Vielleicht können wir ja beobachten, wie sie die verbotenen Färberwaren heimlich verkauft. Und dann möchten wir Hugo und Drutwin auch unseren vornehmen Freund Conrad vorstellen.

Die gelbe Wolle wird verkauft

Während Vater und Mutter zusammen mit Hugos Vater Holzbesteck, Sandalen, Webleinen und Kräuter aus unsrem Garten feilbieten, laufen Ursula und ich Hand in Hand an den Ständen vorbei. Was es da alles zu sehen gibt!
Staunend stehen wir vor einem Wagen mit kostbaren Stoffen. Auf manchen sind Goldstickereien angebracht. Der Nachbar hat ebenfalls zwei Klappen von seinem Karren heruntergelassen und breitet auf ihnen weiches Leder und Pelze mit ganz langen seidigen Haaren an. Ursula hat sich angeschlichen und darübergestrichen. Aber sie ist gleich wieder verjagt worden. An anderen Ständen gibt es wohlriechende Gewürze. Der Duft steigt mir so in die Nase, daß ich niesen muß. Ein Goldschmied preist seine Ware an, aber wir können nichts von den goldenen Armreifen und Spangen sehen. „Der hat bestimmt Angst, daß ihm einer was klaut", meint Ursula. Beim Bader stehen eine Menge Leute. Wir hören ihn schon von weitem rufen: „Wer hat einen faulen Zahn? Bei mir wird er fast ohne Schmerzen gezogen, und ihr könnt euer Liebchen wieder auf den Mund küssen. Oder muß jemand zur Ader gelassen werden? Ich kann euch auch einen Trank mischen. Hilft garantiert gegen jede Art von Geschwür." Als ich mich durch zwei Bauern hindurchgedrängt habe, sehe ich, daß der Bader gleichzeitig einem Ritter die Haare schneidet. Ich sehe ihn mit der Schere hantieren und schlüpfe schnell wieder aus der Menge heraus zu Ursula: „Wir sollen doch für Mutter nach einer Schere Ausschau halten."
Aber auf der Suche nach dem richtigen Händler werden wir schon wieder aufgehalten. Ein Jongleur wirbelt erst Bälle, dann Ringe und schließlich sogar brennende Fackeln durch die Luft. Er bekommt von den Zuschauern ein paar Kupferstücke in seine Kappe geworfen. Gleich darauf sehen wir den Tierbändiger wie er seinen großen Braunbären tanzen läßt.
Hinten beim Turnierplatz stehen Drutwin und Hugo und winken aufgeregt. Als wir sie erreicht haben, erzählt uns Hugo: „Wir haben die ganze Zeit die Senfkrautbäuerin beobachtet. Oben im Korb lag das blaue Leinen. Aber dann kam ein gut gekleideter Fremder, und da hat sie von unten die gelbe Wolle herausgezogen. Sie haben getuschelt und sich mehrmals umgeschaut. Dann hat ihr der Fremde einen kleinen Lederbeutel gegeben, und sie hat die ganze Wolle in ein blaues Leinentuch geschlagen und ihm gegeben!"

Conrad hilft seinem Ritter

Heute ist der große Tag. Weil ich bald Knappe werde, darf ich unserem Turnierritter Lothar dienen. Knappe Siegbert wird morgen zum Ritter geschlagen und kann heute nicht mehr helfen. Schon seit Wochen übt er mit mir die Handgriffe, um die Rüstung anzulegen und erklärt mir, was ich beim Kampf beachten muß. Es hat eine Weile gedauert, aber nach einer Stunde war Ritter Lothar in voller Rüstung, und ich habe fast alles richtig gemacht. Ich habe genau gesehen, wie sich mein Ritter unter das gepolsterte Wams ein Pergament mit Buchstaben gesteckt hat. Das soll wohl die Lanze des Gegners ablenken.
Ritter Lothar und der gräßliche Ritter Urban vom Steintal werden vom Herold aufgerufen, den Tjost auszutragen. Ich reiche meinem Ritter den Helm und den Schild. Es wird Zeit, das erste Mal ist das Trompetensignal zu hören. Die beiden Ritter reiten jetzt in der geschmückten Arena langsam aufeinander zu, stellen sich nebeneinander auf und verneigen sich vor dem Burgherrenpaar. Am anderen Ende

sehe ich den Knappen von Ritter Urban, er ist ein kräftiger Kerl. Die beiden Ritter reiten zu ihrer Seite zurück, und ich stelle die lange Lanze so vor dem Pferd hin, daß Ritter Lothar sie greifen kann. Beide sind bereit, als zum zweiten Mal das Signal ertönt. Die beiden galoppieren aufeinander los, den Schild vor der Brust, die stumpfe Lanze fest in die Seite gestemmt. Ein Krachen und Splittern, die Pferde steigen hoch! Kippt Ritter Lothar? Jetzt verliert er seine Lanze und kann sich nur mühsam im Sattel halten. Ich laufe zu ihm, aber Ritter Urban steht mir im Weg. Schnell mache ich einen Bogen um ihn und reiche meinem Ritter eine neue Lanze. Ich muß sehen, daß ich den Platz schnell wieder verlasse, denn Urban hat inzwischen ebenfalls eine neue Lanze von seinem Knappen erhalten. Wieder gehen beide Reiter in Stellung. Wieder rennen die Pferde in gestrecktem Lauf aufeinander zu, Ritter Urban stößt zu, doch blitzschnell reißt Ritter Lothar sein Pferd herum und der Stoß geht ins Leere. Schon ist Ritter Lothar hinter seinem Gegner und tippt ihn mit der stumpfen Lanze von hinten an, zum Zeichen seines Sieges. Wie wild klatsche ich in die Hände, und ich bin stolz, weil ich ihm so schnell die Lanze gebracht habe. Jetzt wird Ritter Lothar das prachtvolle Pferd von Ritter Urban bekommen und auch seine Rüstung.

Quintana und Bumbaß

Quintana

Die Quintana aus Weidenruten diente als Übungspuppe bei der Ausbildung zum Ritter. Die verschiedenen Ausführungen konnten umgestoßen werden oder sich drehen. Dabei mußte der Reiter aufpassen, daß er keinen schmerzhaften Schlag in den Rücken bekam.

Quintana zum Stoßen

Material: biegsame Zweige (Weide, Haselnuß); Heu; grober Kartoffelsack; Kantholz (8 x 4 cm, 1 m lang) oder Weihnachtsbaumständer; Holzlatte (ca. 2 m lang); Nägel; Hammer; Schnur; Handbohrer oder Maschine
Alter: ab 7 Jahren

Als Ständer kann ein stabiler Weihnachtsbaumständer genommen werden oder ein Kantholz, das zu einem Kreuz verarbeitet wird. Dazu sägen wir aus dem Kantholz zwei Stücke à 40 cm und zwei à 10 cm. Die längeren werden mittig zu einem Kreuz vernagelt und das obenliegende Stück bekommt an den Enden jeweils einen „Fuß" angenagelt. In der Mitte wird ein Loch ausgebohrt, in das die Holzlatte gesteckt werden kann. Durch Nägel muß diese am Kreuz fixiert werden.

Den Körper können wir einfach durch einen mit Heu oder Stroh gefüllten Kartoffelsack, den wir um die senkrechtstehende Latte befestigen, anfertigen oder durch eine Puppe, die aus biegsamen Zweigen geformt ist. Die Puppe ist aufwendiger herzustellen, entspricht aber dem mittelalterlichen Vorbild. Dazu werden in die Holzlatte rundherum Löcher in zwei verschiedenen Höhen gebohrt, um die Zweige aufzunehmen. Sie dürfen nur soweit auseinanderliegen, daß die Zweige bauchig gebogen werden müssen, um hineinzupassen. Sind die Zweige rundherum festgesteckt, wird Heu dazwischen gestopft. Um mehr Festigkeit zu erhalten, können jetzt quer zu den Längszweigen rundherum Zweige geflochten werden.

Quintana zum Drehen

Material: Stamm oder dickes Kantholz von 1 – 1,5 m Länge; Axt; Besenstiel oder Bohnenstange von 2 – 2,5 m Länge; Holzlatte; dicke Schraube; Bohrmaschine; Säge; Kartoffelsack; Stroh oder Heu; Schnur; Brotbeutel; Sand; bei Bedarf Hartfaserpappe, weißes Laken, Plakafarbe
Alter: ab 9 Jahren

Diese Quintana kann sich drehen. Das dicke Holz wird auf einer Seite angespitzt, auf der anderen wird ein Loch passend für die Schraube gebohrt. Die Holzlatte erhält in der Mitte ein gleichgroßes Loch und wird an den Stamm geschraubt. Auf die eine Seite befestigen wir eine Puppe aus einem Kartoffelsack mit Stroh- oder Heufüllung, an die andere Seite hängen wir den mit Sand gefüllten Brotbeutel. Die Quintana wird mit dem angespitzten Ende in den Boden gerammt.

Wir können die Puppe noch mit einem Schild versehen (aus Hartfaserpappe aussägen) und den Kartoffelsack mit einem weißen Laken verhüllen, auf das ein Wappen gemalt ist.

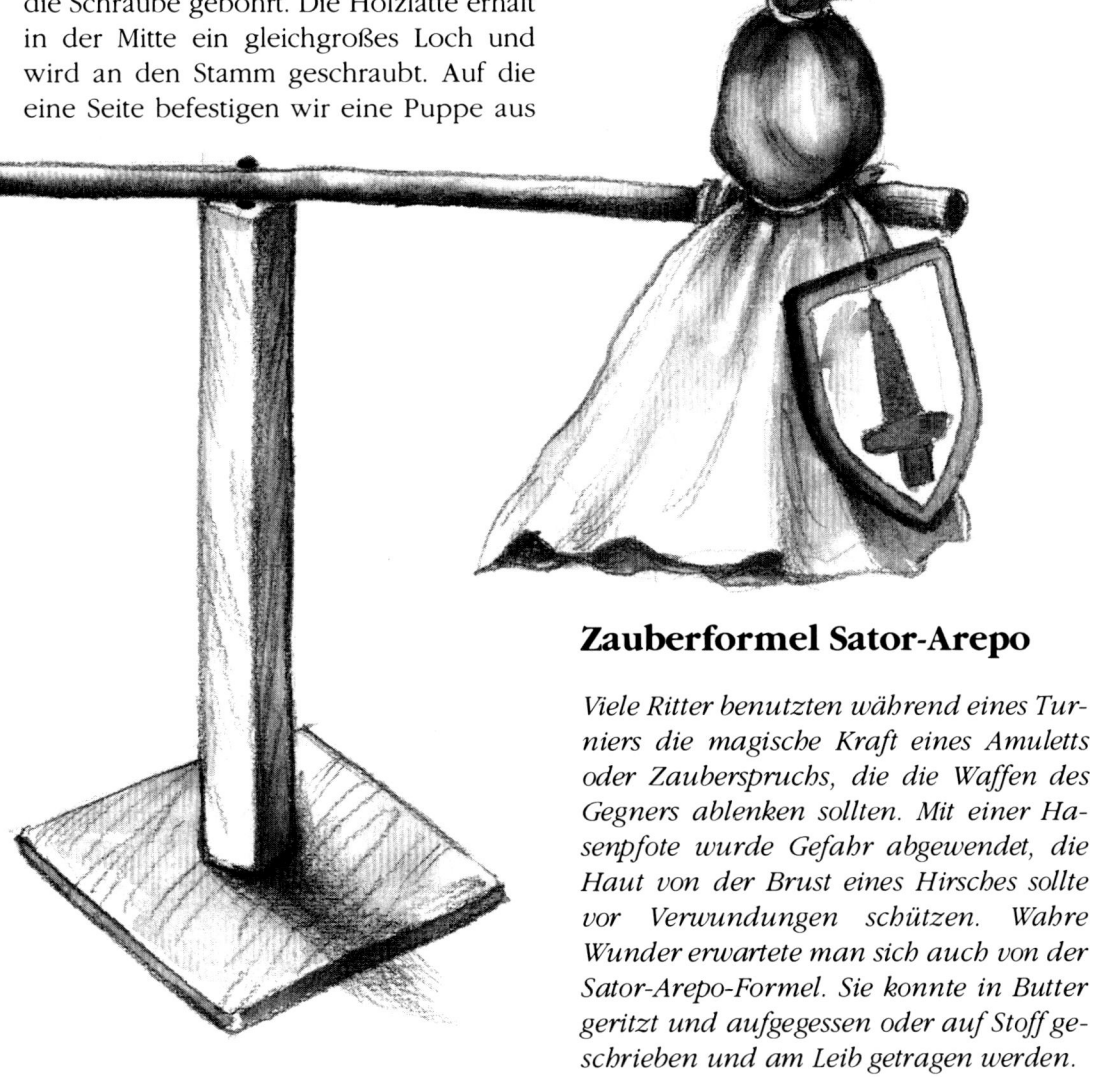

Zauberformel Sator-Arepo

Viele Ritter benutzten während eines Turniers die magische Kraft eines Amuletts oder Zauberspruchs, die die Waffen des Gegners ablenken sollten. Mit einer Hasenpfote wurde Gefahr abgewendet, die Haut von der Brust eines Hirsches sollte vor Verwundungen schützen. Wahre Wunder erwartete man sich auch von der Sator-Arepo-Formel. Sie konnte in Butter geritzt und aufgegessen oder auf Stoff geschrieben und am Leib getragen werden.

```
SATOR
AREPO
TENET
OPERA
ROTAS
```

Material: Papier; Kerze; Streichhölzer; schwarze oder rote Tinte; Federhalter oder Gänsefeder; scharfes Messer
Alter: ab 9 Jahren

Die Zauberformel wird wie abgebildet auf ein Stück „Pergament" geschrieben, das wir ganz einfach so herstellen: Ein Stück Papier wird über eine brennende Kerze gehalten und an den Seiten leicht angesengt, so daß es vergilbt. Zum Schreiben benutzen wir einen Federhalter, vielleicht können wir auch eine Gänsefeder besorgen, die mit einem scharfen Messer angeschnitten wird. Rückwärts genauso wie von oben nach unten gelesen ergeben sich immer die gleichen Wörter in derselben Reihenfolge

Die Zauberformel ist seit dem 4. Jahrhundert bekannt. Der lateinische Text heißt sinngemäß: „Sämann Arepo hält mit Mühe die Räder." Die zauberkräftige Wirkung erklärt sich aus dem Anagramm (durch Austausch von Buchstaben neu gebildete Wörter) folgender Figur:
Sie enthält drei christliche Symbole: Das A und O (erster und letzter Buchstabe des griechischen Alphabetes) als Sinnbild der Ewigkeit; das Kreuz; die ersten Worte des Vaterunser (Pater noster).

Stoßlanze

Anfangs wurden auf Turnieren Lanzen mit Spitzen benutzt, später nur noch stumpfe, um ernsten Stichverletzungen vorzubeugen. Unsere Lanze bekommt eine Polsterung und schont dadurch beim Turnier die Quintana.

Material: Besenstiel; Bast; Tuch
Alter: ab 5 Jahren

Wir umhüllen den Besenstiel an einer Seite mit dem Tuch, das mit Bast umwickelt und verknotet wird.

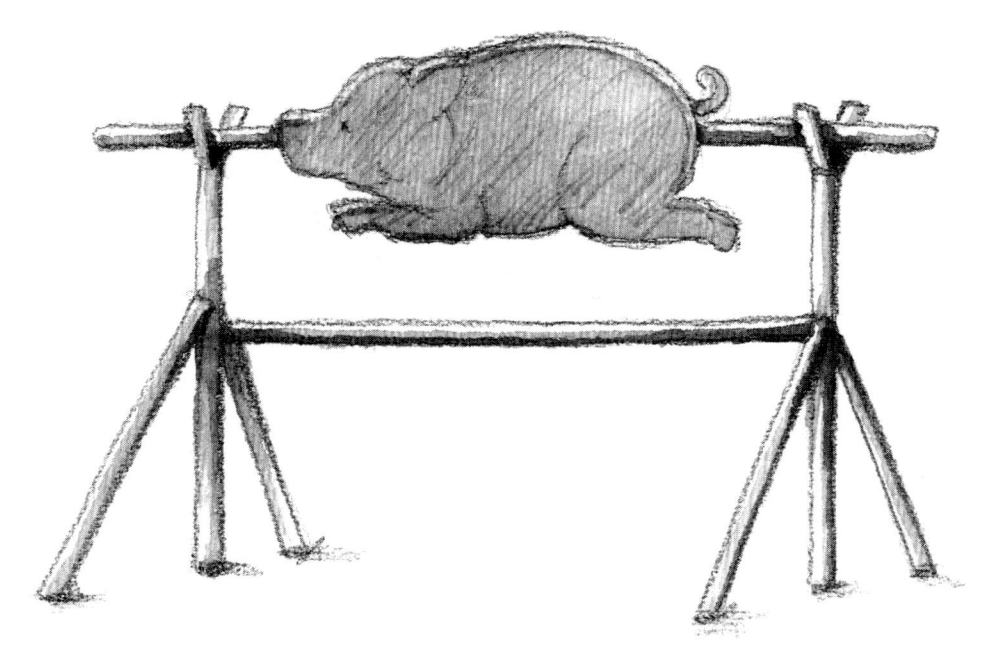

Wildschweinspieß

Zu festlichen Anlässen wurden an der ritterlichen Tafel auch ganze Tiere serviert. Stoßlanze und Wildschweinspieß brauchen wir für das Spiel „Wildschweindrehen".

Material: 6 Lattenhölzer ca. 5 x 3 cm, 1 m lang; 2 Latten je 60 cm lang; 1 Brett 80 x 40 cm; 8 Schrauben mit Muttern (Durchmesser 10 mm, 70 mm lang); Bohrmaschine, Schraubendreher; Säge; Holzleim; Bleistift; Wachsmalfarben
Alter: ab 10 Jahren

Zunächst wird ein Ständer für das Wildschwein gezimmert. 2 Kanthölzer bekommen jeweils einen Fuß. Dieser kann durch schräg abstehende angenagelte Latten entstehen, die wir noch weiter verstärken (s. Zeichnung). Beide Ständer werden verbunden, indem wir auf halber Höhe eine Latte festnageln. Die zweite Längslatte dient als Spieß und muß erst vorbereitet werden. Vorher sägen wir aus dem Brett ein Wildschwein, dessen Umrisse wir vorher auf dem Brett mit Bleistift skizziert haben. Es erhält Augen, Ohren, Rüssel und ein Fell aus Wachsmalfarben. Dann wird das Wildschwein auf zwei kurze Holzlatten aufgeleimt oder geschraubt. Um es am „Spieß" befestigen zu können, werden jeweils zwei Scharniere an die Längslatte und an die kurzen Lattenstücke geschraubt, so daß das Wildschwein nach hinten wegkippen kann. Jetzt können wir auch die Latte mit dem Wildschwein zwischen den Ständern festmachen.

Ledermaske

Ledermasken waren besonders bei Adeligen beliebt.

Material: Leder; Schaufensterpuppen-, Gipskopf o.ä.; natürliche Farbpigmente; Leim; Material zum Verzieren (Federn, Fellstücke usw.)
Alter: ab 4 Jahren

Das Leder wird über Nacht in gefärbtes Wasser eingeweicht. Das nasse Leder legen wir einfach über die Abdruckform, drücken es an und lassen es trocknen. Danach kann die Maske bemalt oder mit Federn beklebt werden. Die Augenpartien sollten besonders betont werden.

Handstockpuppe

Das Handpuppenspiel kam zwischen dem 9. und 12. Jahrhundert vom Orient nach Europa. Für die Gaukler blieb auf ihren langen Fahrten zu den weit verstreut liegenden Dörfer und Städten genügend Zeit, sich für ihre Geschichten Figuren zu schnitzen.

Material: Rundholz (Durchmesser 6 – 8 mm, Länge 100 cm); Holzstück für den Kopf; Stoffrest (120 cm x 60 cm); Wolle; Filzreste; Leim; Schnitzmesser; Handbohrer
Alter: ab 7 Jahren

Aus dem Holzstück wird ein Kopf mit gewaltiger Nase geschnitzt und mit einem Loch für den Stab versehen. Das Rundholz dient als Haltestab für die Puppe und wird auf die passende Länge gekürzt. Je kleiner das Kind ist, desto länger muß der Stab bleiben. Über das Stabende wird der Stoff als Kleid gelegt und darauf dann der Holzkopf gesteckt. Mit Holzleim erhöht sich die Festigkeit. Mit der Wolle und den Filzstücken, die wir an den Holzkopf kleben, entstehen die Haare, die Augen und der Mund der Puppe.

Unsere Puppe kann aber auch zum Teufel werden. Dann muß das Kleid rot werden, das Haar schwarz, und zwei aus Filz geschnittene Hörner dürfen auch nicht fehlen.

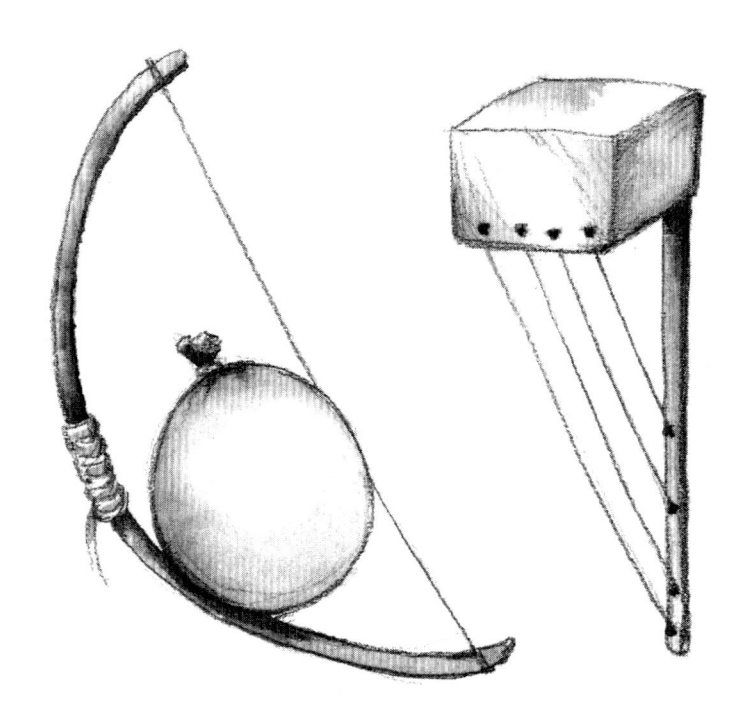

Bumbaß

Der Bumbaß wurde im Mittelalter als Begleitung für Pauken und Flöten gezupft. Als Klangkörper benutzten die Spielleute eine Schweinsblase.

Material: Bogen von „Pfeil und Bogen"; Luftballon
Alter: ab 5 Jahren

Zwischen Sehne und Bogen klemmen wir einen aufgeblasenen Luftballon. Der Bumbaß kann gezupft werden

Lyra

Auf der Harfe und der Lyra, einem viersaitigen Zupfinstrument, begleiteten die Dichter am Hofe ihre Vorträge.

Material: Holzschachtel, alte Schublade o.ä.; Holzlatte; Nägel, Hammer; Nylonfaden; Messer
Alter: ab 5 Jahren

An einem Resonanzkörper, z.B. einer Holzschachtel, wird als Hals eine Holzlatte mit Nägeln befestigt. In Hals und Resonanzkörper klopfen wir jeweils vier Nägel und spannen darüber vier Saiten. Der früher gebräuchliche Schafsdarm wird ersetzt durch einfachen Nylonfaden.

Schellen

Mit dem linken Fuß wird ein Schritt vorwärts gemacht und dann kräftig aufgestampft. Der rechte Fuß folgt und steht. Nun macht der rechte Fuß einen Schritt vor und stampft auf. Dabei trugen die Spaßmacher ein Schellenband am Fuß.

Material: Kronkorken; Band; Hammer; Nagel
Alter: ab 5 Jahren

Unser Schellenband besteht aus Kronkorken, die auf ein Band aufgefädelt werden. Mit Hammer und Nagel erhält jeder Kronkorken zuvor in der Mitte ein Loch.

Zielschießen und Ringewerfen

Zielschießen auf Säcke

Material: Pfeil und Bogen; mit Stroh gefüllter Kartoffelsack; Farbe; Pinsel
Alter: ab 5 Jahren

Auf einen mit Stroh gefüllten Sack wird eine Zielscheibe in gelb, grün, blau, rot und schwarz aufgemalt. Mit Pfeil und Bogen muß versucht werden, ins Schwarze des Strohsacks zu treffen. Der Pfeil muß steckenbleiben. Die Abschußlinie wird je nach Alter festgelegt.

Wildschweindrehen

Seinen Mut konnte der Knappe bei der Wildschweinjagd mit dem Spieß beweisen

Material: Wildschweinspieß; Stoßlanze
Alter: ab 5 Jahren

Je nach Alter der Teilnehmer muß die Lanze aus 2 - 3 Metern Entfernung so geschleudert werden, daß sich das Spanferkel anfängt zu drehen. Die Anzahl der Umdrehungen bringt den Gewinn.

Ringewerfen

Ringewerfen wurde am Hof auch von den Damen gespielt.

Material: Wurfringe; Bäume mit Aststümpfen oder Stöcke
Alter: ab 4 Jahren

Die Wurfringe müssen auf Haken geworfen werden und dort hängenbleiben. Diese Haken können die Aststümpfe an Bäumen sein oder aus dem Boden ragende Stöcke. Die Abschußlinie wird je nach Alter festgelegt.

Steckenpferdrennen

Material: Steckenpferde; abgesteckte Strecke; 2 Pfähle oder Bäume, Äste; Pergament als Siegerurkunde
Alter: ab 4 Jahren

Zwischen zwei Pfählen oder zwei Bäumen wird eine ebene Strecke mit Ästen so abgesteckt, daß die Zuschauer von den schnellen Reitern nicht gefährdet werden und mindestens zwei Kinder nebeneinander galoppieren können.
Zwei oder mehr Kinder reiten auf dem Steckenpferd von einem Pfahl zum nächsten und wieder zurück. Dabei darf das Steckenpferd zwischen den Beinen nicht verloren gehen. Der Sieger erhält eine Urkunde, die er seinem Burgherren überbringen kann. Nun kann er einen neuen Gegner herausfordern, der diese Aufforderung nicht ablehnen darf.

Variante: Auf der Strecke werden verschiedene Hindernisse aufgebaut, z. B. Dicke Äste ausgelegt, die umritten, Sandstreifen, die übersprungen werden müssen.

Pedalritterturnier in 8 Exerzitien

Ursprünglich zeigten die Ritter in Reiterspielen ihre Geschicklichkeit im Umgang mit dem Pferd. Unsere Ritter führen ihre Übungen auf dem Fahrrad vor. Teilnehmen darf nur, wer seinen Drahtesel gut beherrscht, vor allem mit einer Hand fahren kann. Höhepunkt und Abschluß ist eine Schwertleite.

Material: Stöcke mit Wimpeln aus farbigem Stoff
Alter: gute Radfahrer ab 7 Jahren

Für die folgenden 8 Exerzitien (Übungen) werden die Vorbereitungen auf dem mit farbigen Wimpen abgegrenzten Turnierplatz getroffen. Möglichst sollte bei jedem Exerzitiumsplatz ein Schiedsrichter stehen.

Lanze durch den Ring

Material: Lanze; mehrere Reifen je nach Teilnehmerzahl

Bei diesem *1. Exerzitium* hält der Knappe einen Reifen am ausgestreckten Arm in die Höhe, der 1. Pedalritter kommt herangeradelt und versucht, mit der Lanze den Reifen aufzunehmen und als Beweis des Erfolgs davonzutragen. Nun folgt der nächste usw. Jeder aufgenommene Reifen zählt einen Punkt für die eigene Partei. Es können auch mehrere Knappen mit Reifen hintereinanderstehen und so dem Ritter die Möglichkeit geben, mehrere Punkte zu erreichen.

Sandkastenstechen

Material: Wurflanze; Reifen in drei verschiedenen Größen; Sandkuhle

Für dieses *2. Exerzitium* brauchen wir eine Sandkuhle, in der der Lanzenstock gut steckenbleibt. Wir legen die verschiedenen Reifen ineinander in den Sandkasten. Die Pedalritter müssen nacheinander mit der Wurflanze beim Vorbeireiten in die Reifen treffen. Bleibt die Lanze im inneren Reifen liegen, gibt es drei Punkte, im mittleren zwei und im äußeren Reifen einen Punkt.

Rolandreiten

Material: Quintana zum Drehen; Lanze

Im 5. *Exerzitium* muß die drehende Quintana beim Vorbeiritt mit der Lanze am Schild getroffen werden. Dadurch dreht sie sich und schwenkt mit dem anderen Arm den Sandsack, der den Ritter oder seinen Drahtesel treffen und dadurch in seinem Schwung stoppen kann. Die Drehungen werden gezählt und mit Punkten belohnt.

Eberstechen

Material: Wurflanze; Strohballen

Im 3. *Exerzitium* gilt es, mit der Wurflanze den Eber zu erlegen, indem die Lanze beim Vorbeiritt in den Strohballen geworfen wird. Einen Punkt gibt es nur, wenn die Lanze steckenbleibt, da sonst der Eber noch entkommen kann.

Quintanakampf

Material: Quintana zum Stoßen; Lanze

Im 4. *Exerzitium* sollen die Ritter beim Vorbeiradeln die Quintana mit ihrer Lanze treffen und umwerfen.

Beutelsprengen

Material: mit Wasser gefüllte Plastiktüte (Ersatz für Schweinsblase); Schnur; Schwert oder Lanze

Im 6. *Exerzitium* muß die mit Wasser gefüllte Plastiktüte mit Schwert oder Lanze zerstochen werden, ohne daß der Ritter naß wird.

Schwertwirbel

Material: Zeitungspapier; Schnur; Heu oder Holzwolle; Schwert

Beim 7. *Exerzitium* muß der Reiter, das Schwert über dem Kopf schwingend, einen mit Heu gefüllten Zeitungsbeutel, der an einer Schnur an einem Baum hängt, aufzuschlitzen.

Tief das Schwert

Material: Sandkuhle; Schwert

Ein besonderes Kräftemessen war das *8. Exerzitium:* Das Schwert sollte so tief wie möglich in den Sand gestochen werden.

Schwertleite

Nach fünf bis sechs Jahren Knappenzeit erfolgt die «Schwertleite», die Verleihung des Rittertitels. Die zukünftigen Ritter besuchen die Kirche, dort werden ihre Waffen gesegnet, und dann legt der Fürst jedem einzelnen die Sporen an und bindet ihm das Schwert um. Der «Ritterschlag» wurde vermutlich erst im 14. Jahrhundert üblich.

Material: gelbes Tuch; «Pergament»rolle; je Knappe ein Schwert

Der Fürst legt ein großes gelbes Tuch um die Schultern und liest den versammelten Knappen die ritterlichen Gebote von einem Pergament vor:

Sei treu und beständig,
sei freigebig und demütig,
sei mutig voller Güte,
achte auf dein Benehmen,
sei mächtig zu den Herren,
wohltätig zu den Armen.
Umgebe dich mit Weisen,
fliehe überall die Törichten,
vor allem liebe Gott,
richte weise gemäß seinem Gebot.
(Ritterliche Gebote im 12. Jahrundert)

Anschließend erhält jeder kniende Knappe einen leichten Schlag mit der flachen Schwertklinge auf die Schulter, und das Schwert wird ihm übergeben.

115

Projekte und Adressen

Alle in diesem Buch beschriebenen Spiele, Rezepte und Basteleien können beliebig miteinander kombiniert werden und einen Kindergeburtstag oder ein Projekt im Kindergarten genauso gestalten wie ein Schulfest, einen Wandertag, den Treff einer Jugendgruppe oder eine Klassenfahrt.

Kindergeburtstag

Beim Kindergeburtstag können leichte Bastelarbeiten wie die Kegelhaube und der Kittel oder der Schild und das Schwert angeboten werden. Spiele für draußen (Kaiser, König, Edelmann; Himmel und Hölle; Murmeln) machen ausreichend Appetit auf mittelalterliche Kost wie z.B. Buchweizenfladen, Gänseblümchensuppe und Honigkuchen. Zur großen Freude der Kinder wird vor dem festlichen Schmaus die «Tischzucht» verlesen, damit sich alle Damen und Herren auch gut benehmen.

Wenn die Kinder schon etwas älter sind, kann eine kleine Suchaktion als Teil einer «Mittelalterrallye» gestartet werden, bei der z. B. auf der Wanderkarte nach Dorfnamen und im Ort nach Straßen- und Gemarkungsnamen mit mittelalterlichem Ursprung gesucht wird: Wernigerode; Wolfach; Hagen (= besondere, planmäßige Anlage); die «Pestbuche» am Fluß, eine Straße in Norddeutschland, die «Am Weinberg» heißt.

Eine andere Aufgabe könnte darin bestehen, feststehende Begriffe zu finden, die sich auf die Ritterzeit beziehen. Oder sie werden vorgegeben und müssen erklärt werden:
Jemanden in die Schranken weisen
Fest im Sattel sitzen
Nichts Gutes im Schilde führen
In Harnisch bringen
Sich auf ein hohes Roß setzen
Im Visier haben
Den Spieß umdrehen
Aus dem Stegreif (= Steigbügel) reden
Sich die ersten Sporen verdienen
Eine Lanze für jemanden brechen
Die Tafel aufheben
Da gebe ich keinen Heller (= Silbergeldstück) drauf
Wörter auf die Goldwaage legen
Klingende Münze (Geldstücke wurden gewogen oder am Klang auf ihren Wert geprüft)
Auf großem Fuß Leben (= teure, spitze Schuhe besitzen)
Pfeffersäcke
Steigbügelhalter
Pechvogel
anständig
altfränkisch

Wandertag

Auf einem Wandertag können Zutaten für Wildkräutergerichte gesucht und anschließend an einem Lagerfeuer zubereitet werden (Bestimmungsbuch nicht vergessen!); dafür muß allerdings ein alter Topf transportiert werden. Unterwegs bieten sich Bewegungsspiele an, für die das Material im Wald zu finden ist (Bäumewerfen; Gleichgewicht halten auf einem gefällten Baumstamm; Fingerhakeln, Steinstoßen, Schubkarrenlauf, Bockspringen, Reiter vom Pferd ziehen). Die Gruppe sollte auch darauf vorbereitet sein, Fährten zu lesen und Fraßspuren für eine spätere Untersuchung zu sichern (Beutel mitnehmen).

Klassenfahrt

Eine Klassenfahrt mit dem Thema Mittelalter kann zu einer Jugendherberge in einer Burganlage führen. Dort werden Informationen über den Alltag auf der Burg zusammengetragen und mit dem Wissen über den Alltag der Bauern verglichen

Gruppennachmittag

Auf einem Gruppennachmittag oder beim Projekt in Kindergarten und Grundschule werden mit den Jüngeren Kräuter und Obst getrocknet und eine weitläufige Burganlage aus Pappschachteln erbaut. Die Älteren stellen Kleidung her, üben sich im Schnitzen und Töpfern und bauen Musikinstrumente.

Schulfest

Auf einem Schulfest wird ein kleiner Markt mit Ständen aufgebaut. Töpferinnen, Schnitzer, Färberinnen, Weberinnen und Netzeknüpfer sind bei der Arbeit zu bewundern. Waffenschmiede stellen Schilde, Schwerter, Visiere und Kettenhemden her. In einem Zelt sitzt eine weise Kräuterfrau und bietet heilkräftige Tinkturen an. Um die Klassenkasse aufzubessern, werden Steckenpferde und Stelzen verkauft. Ein fahrender Scholar hält für den Kampf die Sator-Arepo-Formel bereit und für die Minne ein mittelalterliches Liebesgedicht:
Ich bin dîn;
du bist mîn,
des solt du gewis sîn.
Du bist beslozzen in mînem Herzen.
Verloren ist das slüzzelîn:
du muost immer drinnen sîn.
Eine Stelltafel ist mit mittelalterlichen Redewendungen und den entsprechenden Erklärungen gespickt, alle auf altes Pergament und in Minuskel (einer von Karl dem Großen eingeführten vereinfachten Schrift) geschrieben.
Auf einem Turniergelände werden Ausscheidungen im Wassereimer-Wettrennen, Steckenpferd-Lauf, Steinturmangriff und Sandkastenstechen ausgetragen. Auf dem zweiten, größeren Turnierplatz findet ein Pedalritterturnier mit allen 8 Exerzitien statt.
Zur Siegerehrung werden an Gewinner und Verlierer Honigkuchenpferde ausgegeben. Zur Begleitung musizieren Bumbaß, Holunderflöte und Lyra.

Adressen

In fast allen Bundesländern existieren Freilichtmuseen, die zum Teil Beispiele mittelalterlichen Lebens auf dem Dorf und in der Stadt zeigen. Stellvertretend für viele sei hier das Museumsdorf Düppel in Berlin genannt.
Die zahlreichen Mittelaltermärkte auf Burgen und in Städten werden z. B. organisiert von der Arbeitsgemeinschaft zur Erhaltung und Belebung mittelalterlicher Kultur e.V. «Kramer, Zunft und Kurtzweyl»; sie bauen auch ein Archiv mit Materialien auf, das von Erzieherinnen und Lehrern genutzt werden kann. Anfragen: Feste Nyestat, 51702 Bergneustadt, Tel.: 02261 / 4 47 17, Fax: 02261 / 4 87 46.
Das Angebot an Sach- und Bilderbüchern sowie Kinder- und Jugendromanen ist inzwischen unüberschaubar geworden. Regelmäßige Leseempfehlungen, auch zu historischen Themen, gibt die Stiftung Lesen heraus. Anfragen: Fischtorplatz 23, 55116 Mainz, Tel.: 06131 / 2 88 90 - 0.
Die sehr informative Zeitschrift „Karfunkel" berichtet vierteljärlich über alle Themen rund ums Mittelalter. Bezugsadresse: Karfunkel Verlag, Hauptstraße 37, 69434 Hirschhorn, Tel.: 0 62 72/ 69 27, Fax: 0 62 72/ 39 42

Jugendherbergen in Burganlagen

Für mehrtägige Ausflüge von Kindergruppen, Schulklassen und Jugendgruppen sind solche Jugendherbergen besonders attraktiv, die in einer Burg liegen.
Die Anschriften sind alphabetisch geordnet. Weitere Informationen finden Sie im Internet unter *www.jugendherberge.de.*

Burg-Jugendherberge Altleiningen

67317 Altleiningen;
Tel.: 06356 / 1580

Die Jugendburg liegt im Leiningertal oberhalb des Dorfes auf dem Burgberg. Bahnstation ist Grünstadt, Bus zur Jugendherberge.

Jugendherberge Burg Bilstein

Von-Gevore-Weg 10,
57368 Lennestadt 1;
Tel.: 02721 / 81217

Die 750 Jahre alte Burg steht auf einem Felsvorsprung über dem Ort Bilstein im südlichen Sauerland.

Jugendherberge Burghausen

Kapuzinergasse 235
84489 Burghausen
Tel.: 08677 / 4187

Die Jugendherberge liegt in der Mitte der 1 km langen Burganlage. Vom Bahnhof Burghausen mit dem Stadtbus bis Hotel Glöcklhofer.

Jugendherberge Diez Schloß

Schloßberg 8,
65582 Diez;
Tel.: 06432 / 2481

Die Jugendherberge ist in dem alten Schloß aus dem 13. Jahrhundert hoch über der Stadt untergebracht. Diez ist Bahnstation auf der Strecke Koblenz-Limburg.

Jugendherberge Freusburg

Burgstr. 46,
57548 Kirchen-Freusburg;
Tel.: 02741 / 61094

Die Burg liegt mitten in einem großen Mischwaldgebiet, das sich herrlich zum Wandern eignet. Zu erreichen mit dem Bus ab Bahnhof Freusburg-Siedlung (auf der Bahnstrecke Siegen-Betzdorf).

Jugendherberge Hohenberg

Auf der Burg,
Postfach 24,
95691 Hohenberg/Eger;
Tel.: 09233 / 77260

Die Burg Hohenberg/Eger liegt im östlichen Fichtelgebirge, direkt an der Grenze zur Republik Tschechien. Strecke Nürnberg-Marktredwitz bis Bahnstation Schimding. Bus bis Hohenberg.

Jugendherberge Nürnberg

„Kaiserstallung", Burg 2,
90403 Nürnberg;
Tel.: 0911 / 2309360

Die 500 Jahre alte Kaiserstallung ist ein Teil der Nürnberger Burganlage. Vom Hauptbahnhof Nürnberg mit der Straßenbahnlinie 9 bis Krelingstraße. Fünf Minuten Fußweg.

Jugendherberge Schloß Ortenberg

Burgweg 21,
77799 Ortenberg;
Tel.: 0781 / 31749

Im ehemaligen Schloß auf einer Anhöhe über dem Ort am Eingang zum Kinzigtal zwischen Rhein und Schwarzwald. Ortenberg erreicht man mit dem Bus von Offenburg, zehn Minuten Fußweg.

Schloß Rechenberg

Zum Schloß 7,
74597 Stimpfach-Rechenberg;
Tel.: 07967 / 372

Schloß Rechenberg, erstmals im 13. Jahrhundert urkundlich erwähnt, liegt am Rand eines Naturscchutzgebietes und über einem See. Vom Bahnhof Crailsheim verkehrt ein Bus.

Jugendherberge Saldenburg

Ritter-Tuschl-Str. 20,
94163 Saldenburg;
Tel.: 08504 / 1655

Die Burg-Jugendherberge liegt im Dreiburgenland, im vorderen Bayerischen Wald. Vom Bahnhof Passau mit Bus bis Abzweigung Saldenburg. 30 Minuten Fußweg.

Jugendherberge Ravensburg „Veitsburg"

Veitsburgstr. 1,
88212 Ravensburg;
Tel.: 0751 / 25363

Die Veitsburg liegt oberhalb der Stadt mit Blick auf die engen Straßen und schmalen Häuser der Altstadt. Vom Bahnhof 25 Minuten Fußweg.

Jugendherberge Wernfels

Burgweg 7-9,
91174 Spalt-Wernfels;
Tel: 09873 / 515

In der Burg Wernfels über dem Retzattel. Anreise: Nürnberg-Schwabach, Bus bis Wernfels.

Jugendherberge Wewelsburg

Burgwall 17,
33142 Büren-Wewelsburg;
Tel.: 02955 / 6155

Die Wewelsburg liegt am Rande des gleichnamigen Dorfes im Kreis Paderborn. Von Paderborn und Büren verkehren Bahnbusse.

Jugendherberge Wittenberg

Schloß,
06886 Wittenberg;
Tel.: 03491 / 403255

Das Schloß liegt im Elbauegebiet.

Tip:
Burg Rieneck

Schloßberg 1
97794 Rieneck
Tel.: 0 93 54 / 647 + 13 47
www.burg-rieneck.de

Die Burg des Verbandes Christlicher Pfadfinderinnen und Pfadfinder steht allen Jugendgruppen offen. Sie liegt zwischen Rhön und Spessart, oberhalb der Sinn. Bahnhof Rieneck, Gepäck-Abholservice.

Burgen in Deutschland, der Schweiz und Österreich

Wer in der Mitte oder im Süden von Deutschland lebt, wird wenig Probleme haben, in erreichbarer Nähe eine mittelalterliche Burg zu finden, bei der sich eine Besichtigung lohnt. Mittelalterliche Befestigungen im Norden Deutschlands wurden im Laufe der Jahrhunderte zu Schlössern umgebaut, dort sind keine mittelalterlichen Teile mehr erhalten.

Im folgenden nennen wir beispielhaft einige besonders schöne Anlagen (Anschriften nach PLZ geordnet):

Burg Gnandstein
04655 Gnandstein
Im 10. Jahrhundert erbaut mit einem 35 m hohen Bergfried.

Burg Querfurt
06268 Querfurt
Eine der ältesten und größten Burgen Deutschlands, der Bergfried wurde um 1070 errichtet.

Burg Falkenstein
06463 Meisdorf
Um 1120 gegründet und im Spätmittelalter ausgebaut. Museum zur Geschichte der Jagd.

Schloß Neuenburg
06632 Freyburg
Die Kernburg wurde im 11. Jahrhundert errichtet. Mit zwei Vorburgen und einem umfangreichen Wallgrabensystem.

Schloß Marburg
35043 Marburg
Das mitten in der Stadt gelegene Schloß wurde ab dem 13. Jahrhundert aus der ursprünglichen Burg gebaut.

Kaiserpfalz Goslar
38640 Goslar
Entstanden um 970 wurden die wesentlichen Teile im 11. Jahrhundert gebaut.

Burg Linn
47809 Krefeld
Vor- und Hauptburg sind von Wasser umgeben. In der Anlage befindet sich das niederrheinische Landschaftsmuseum.

Schloß Bentheim
48455 Bad Bentheim
Göste Burganlage in Niedersachsen aus Karolingischer Zeit mit mächtigen Türmen.

Burg Eltz
56254 Moselkern
Eine der bekanntesten und schönsten Burgen Deutschlands, die auch auf dem Tausendmarkschein abgebildet ist.

Marksburg
56338 Braubach
Vollständig erhaltene Höhenburg, die 1100 gegründet wurde. Viele Sehenswürdigkeiten. Sitz der Deutschen Burgenvereinigung.

Vischering
59348 Lüdinghausen
Eine der schönsten Wasserburgen in West-Europa. Vor- und Hauptburg stammen noch aus dem 13. Jahrhundert.

Burg Lichtenberg
71720 Oberstenfeld
Im 12. Jahrhundert gegründet. Eine der besterhaltenen deutschen Burgen.

Burg Guttenberg
74855 Haßmehrsheim
Über dem Neckar gelegen stammt dieser Bau aus dem 12. Jahrhundert.

Burg Burghausen
84489 Burghausen
Sechs Burghöfe erstrecken sich über einen Kilometer lang. Der Bau dieser längsten Burg Deutschlands wurde im 11. Jahrhundert begonnen.

Altes Schloß Meersburg
88709 Meersburg
Angeblich wurde der Dagobertsturm bereits im 7. Jahrhundert errichtet. Eine der ältesten Burgen Deutschlands.

Burg Lisberg
96170 Lisberg
Bereits im 8. Jahrhundert erwähnt. Sehenswert die Burgküche mit großem Rauchfang und vielen Kochgeräten.

Burg Kapellendorf
99510 Kapellendorf
Die Ursprünge dieser Wasserburg gehen wahrscheinlich auf das Ende des 9. Jahrhundert zurück.

Wartburg
99817 Eisenach
Im 11. Jahrhundert entstanden. Minnesänger und Dichter wie Wolfram von Eschenbach und Walter von der Vogelweide waren Gäste, Martin Luther übersetzte hier das neue Testament ins Deutsche.

Burg Thun
CH-3600 Thun
Ein 42 m hoher Rechteckturm und der Rittersaal mit 7,3 m Höhe und 19 m Länge sind besonders sehenswert.

Schloß Lenzburg
CH-5600 Lenzburg
Eine der größten Burgen der Schweiz, entstanden im 11. Jahrhundert.

Schloß Chillon
CH-8020 Montreux
Eine berühmte Burganlage aus dem 11. Jahrhundert, auf einer Felseninsel im Genfer See.

Burg Heidenreichstein
A-3860 Heidenreichstein
Die im 12. Jahrhundert gegründete Wasserburg wurde niemals eingenommen.

Burg Rappottenstein
A-3911 Rappottenstein
Eine Höhenburg, die im 12. Jahrhundert aus dem Felsen geschlagen wurde, mit fünf Höfen.

Jugendburg Marienburg
Niederalfingen
Jugendbildungs- und Freizeitstätte, Schullandheim
Fuggerstr. 12, 73460 Hüttlingen

Bildungs- und Erholungswerk Burg Rieneck e.V.
Burg Rieneck
Schloßberg 1
D-97794 Rieneck
Tel.: 0 93 54 - 6 47 + 1 347
Fax: 0 93 54 - 16 45

Register

(Spiele in Normalschrift, <u>Basteltips</u> unterstrichen, *Rezepte* kursiviert)

<u>Alraune</u>	54
<u>Amulett</u>	25
<u>Angelschnur</u>	74
Apfel- Zwiebel Spieß	57
Armdrücken	17
Arme Ritter	94
<u>Basteln mit Bast</u>	54
<u>Baumhaus</u>	74
Bäumchen wechsel dich	70
Bäumewerfen	70
Beutelsprengen	113
Bockspringen	13
Blinde Kuh	95
<u>Blumenkranz</u>	87
Blumenorakel	53
Bratapfel	57
Brennesselsuppe	68
Brennesselspinat	68
Brotrezept	44
Buchweizen	43
Buchweizenfladen	43
<u>Bumbaß</u>	109
<u>Burgbauplan</u>	93
Burgverteidigung	94
Dreibeinlauf	16
Eberstechen	113
<u>Fadenpuppe</u>	40
Faden abnehmen	33
Fährtenlesen	51
<u>Färberei mit Waid</u>	35
Feuermachen	58
<u>Filzhut</u>	39
<u>Filzkugel</u>	38
Fingerhakeln	17
Frischkornmüsli	42
Fraßspuren bestimmen	51
Gänseblümchensuppe	68
Gemüsesuppe	42
<u>Gußform für Wachsamulett</u>	41
Hahnenkampf	15
<u>Handstockpuppe</u>	108
Handwerkerpantomime	16
<u>Helm</u>	88
Himmel und Hölle	18
Hirsebrei	42
Holunderbeersuppe	42
<u>Holunderbeerflöte</u>	73
<u>Holzfaß</u>	72
<u>Holzlöffel</u>	22
<u>Holznägel</u>	21
<u>Holzsandalen</u>	22
Honigkuchen	94
Hühnchen oder Hähnchen?	53
<u>Hennin</u>	87
Jo-Jo	23
<u>Kalebasse</u>	56
Kaiser, König, Edelmann	17
<u>Kegel</u>	72
<u>Kegelhaube</u>	87
<u>Kettenhemd</u>	90
<u>Kittel</u>	40
Klettern	69
Knobeln mit Knochen	33
<u>Kopfschmuck</u>	87
<u>Kräuterspirale</u>	54
Krautbrötchen	44
Kräuter trocknen	45
Kreisel	19
<u>Kürbisgespenst</u>	56
Kürbiskompott	57
Kürbissuppe	57
<u>Lanze</u>	92

Lanze durch den Ring	112	Schubkarrenlauf	13
Lastenträger	14	Schuhe	39
Ledermaske	107	Seilspringen zu Dritt	19
Löwenzahnsalat	67	Speckstein schnitzen	40
Löwenzahngemüse	68	Spinnen mit der Spindel	36
Lyra	109	Spurensuchen	51
		Steckenpferd	24
Mühlenspiel	15	Steinschleuder	71
Murmeln	19	Steinstoßen	70
		Steinturmangriff	71
Netze knoten	75	Steckenpferdrennen	111
Netze knüpfen	77	Stelzen	23
Netznadel schnitzen	76	*Stockbrot*	58
		Stoßlanze	106
Obst trocknen	45	Strohpuppe	40
Paar und Unpaar mit Halsknochen	32	Tauziehen	19
Peitsche	74	Tief das Schwert	114
Pfeil und Bogen	73	Tonbecher, -schale und -krug	24
Plumpsack	16	Treller	69
Quintana zum Drehen	105	*Vollkornbrot mit Kräutern*	67
Quintana zum Stoßen	104		
Quintanakampf	113	Wachssiegel	88
		Waldmeistergetränk	68
Reifen schlagen	70	Wappen	89
Reifenspringen	70	Wassereimer-Wettlauf	53
Reiter vom Pferd ziehen	14	Weben	36
Ringen	15	Webteppich	37
Ringewerfen	110	*Wildkräuter sammeln*	67
Rolandreiten	113	*Wildkräutersalat*	67
		Wildschweindrehen	110
Sackhüpfen	13	Wildschweinspieß	107
Sandkastenstechen	112	Wolle filzen	38
Sator-Arepo	105		
Sauerkraut	43	Zahlenreihe	32
Sauerteig	44	Zauberformel	105
Schellen	109	Zielschießen auf Säcke	110
Schild	90	Zierkürbisse	56
Schmalzmilch	94	Zwei Diamanten	34
Schnitzen	20	Zwölferjagd	33
Schwert	91		
Schwertscheide	92		
Schwertleite	114		
Schwertwirbel	114		